Reken
Lavesum
137
Ascheberg
FURT
Hohe Mark
Sythen
134
Borkenberge
Seppenrade
AHLEN
HALTERN
Nordkirchen
Hullern
Stever
OLFEN
Capelle
Süd-
kirchen
Dolberg
Flaesheim
Die Haard
Uentrop
Hövel
SELM
Bork
HAMM
OER-
ERKENSCHWICK
DATTELN
WERNE
Huls
Herringen
Cappenberg
Lippe
LÜNEN
Rünthe
Pelkum
Rhynern
RECKLING-
HAUSEN
WALTROP
Brambauer
BERGKAMEN
HERTEN
Habinghorst
KAMEN
Bönen
Hilbeck
WERL
Mengede
Methler
Heeren-Werve
Kurl
Königs-
born
Büderich
Buer
Hemmerde
UNNA
HERNE
CASTROP-
RAUXEL
DORTMUND
Wickede
Wanne-
Eickel
Gerthe
Wickede
(Ruhr)
Frömern
Marten
Holzwickede
245
Wattenscheid
Hombruch
Hörde
Langschede
FRÖNDENBERG
280
Langendreer
Ruhr
BOCHUM
Hennen
305
Steele
MENDEN
(Sauerland)
Luerwald
WITTEN
Stiepel
SCHWERTE
Linden
188
Westhofen
226
Summern
Lendringsen
Herbede
Der Ardey
HERDECKE
Kupferdreh
HATTINGEN
Wengern
WETTER (Ruhr)
Boele
HEMER
HAGEN
Letmathe
Ober-
bonsfeld
SPROCK-
HÖVEL
Volmarstein
Sundwig
ISERLOHN
546
Balver
Wald
Beckum
Langenberg
Hohen-
limburg
Haßlinghsn.
Haspe
Ihmert
BALVE
VELBERT
Nachrodt-
Wiblingwerde
Garbeck
315
GEVELSBERG
Neviges
Voerde
435
Dahl
491
Dahle
Milspe
ALTENA
Allendorf
Affeln
ENNEPETAL
Barmen
Mühlenrahmede
NEUENRADE
SCHWELM
BRECKERFELD
Elberfeld
WERDOHL
386
511
Eiringhausen
WUPPERTAL
Beyenburg
Eveking
Schalksmühle
576
Ronsdorf
PLETTENBERG
584
Cronenbg
Lüttringhsn.
RADEVORMWALD
440
Brügge
LÜDENSCHEID
Herscheid
381
Bever-
talsperre
Homert
HALVER
REMSCHEID
Lennep
Nordhelle
Heggen
Die Mark
SAUERLAND

Metropole Ruhr
The Ruhr Metropolis
Métropole de la Ruhr

HORST ZIETHEN

METROPOLE RUHR

Texte: Susanne Junkermann

ZIETHEN-PANORAMA VERLAG

Susanne Junkermann

METROPOLE RUHR

„Hömma, dat musse ma gelesen haben."
„Wat meinze?"
„Na, die Einleitung ebend,
die von dat Buch übert Revier."
„Wieso dattän?"
„Weile Gegend da so schön is.
Und weil dat da so viel zum kucken gibt.
Also, setzich wacker hin und los getz!"

Das Ruhrgebiet hat viele Gesichter, Facetten, Prägungen, eine wechselvolle Geschichte; aber vor allem wohnen hier Menschen, die das Herz auf der Zunge tragen. Manche von ihnen sprechen Hochdeutsch, manche Polnisch, Türkisch, Italienisch oder Spanisch, viele aber sprechen und alle verstehen „Ruhrgebietsplatt", oder wie auch sonst man diese Sprache bezeichnen soll, die erst in den letzten 100 Jahren entstand. Früher schämten sich die Leute noch, wenn sie sich im Lokal „Bratskartoffeln" bestellten oder sagten, dass sie aus „Dooatmund" kämen, heute ist das Ruhrgebietsdeutsch längst salonfähig. Kabarettisten machten es zu Geld. In den Vorstellungen des Essener Arztes (Er ist wirklich einer!) Dr. Stratmann: „Heute komm' ich mal mit meinem Bein" amüsieren sich die Zuschauer königlich. Elke Heidenreich hatte mit ihrer Metzgersfrau Else Stratmann schon früh die Lacher auf ihrer Seite. Herbert Knebel („Boh glaubse"), Piet Klocke und die Missfits, um nur einige zu nennen, setzen die Erfolgsgeschichte der Revier-Kabarettisten fort. Doch nicht nur die Sprache eint die rund 5,2 Millionen Menschen, die hier leben, zwischen Hamm und Duisburg (von Ost nach West) sowie Langenberg und Haltern (von Süd nach Nord). Es ist auch ihre Geschichte. Nicht so sehr die Geschichte der germanischen Stämme, die vor Christi Geburt in dem Gebiet siedelten. Oder die der Römer, die vom Rhein her Richtung Ruhr und Lippe entlang nach Osten drängten. Nein, es ist die Geschichte der Industrialisierung, die des Bergbaus, der schweißtreibenden Arbeit unter Tage und an heißen Hochöfen.

THE RUHR METROPOLIS

"We gotta read this."
"What dflya mean?"
"This intro here, in this book 'bout the Revier."
"'Cos it's so beaut'ful, and there's s'much t'see. C'mon now, sit yourself down, off we go!"

Roughly translated, that's perhaps what locals might say in their inimitable Ruhr dialect. And they'd be right. The Ruhr is a multi-faceted region with a very chequered history, but above all the home of open-hearted people who say what they mean. Many of them speak High German, some Polish, Turkish, Italian or Spanish, but all of them understand "Ruhr-Platt", the local dialect, less than 100 years old. Not so long ago people were still slightly ashamed of using it, but now it is more than socially acceptable. Comedians and cabaret artists make their living from it; among their ranks they number many household names, and even a doctor from Essen. But it is not just the language that unites everybody from Hamm in the east to Duisburg in the west, from Langenberg in the south to Haltern in the north. There's history, too. Not so much the history of the Germanic tribes that began to settle the region before the birth of Christ. Not the Romans who extended their empire eastwards from the Rhine along the Ruhr and Lippe valleys. No, it is the history of industrialisation, of mining, of hard craft at the coal face and furnace, the history of the coal and steel crisies, the time of revolution, radical change and restructuring that binds the people together.

"Hang on a moment, can't you take it a bit slower?"
"Ok, let's start at the beginning."

Under Karl Martell conflicts broke out between the Franks and the Saxons in the 8th century, brought to an end by the victory of Charlemagne 32 years later. The Ruhr-Lippe area was integrated into the Franconian empire and missionary work began.

MÉTROPOLE DE LA RUHR

Le bassin de la Ruhr est une région aux multiples facettes et à l'histoire mouvementée. Mais sa population surtout est remarquable. D'abord c'est une souche d'hommes qui n'a pas sa langue dans sa poche ! Certains parlent le haut-allemand, d'autres le polonais, le turc, l'italien ou l'espagnol, mais la plupart parlent aussi ou du moins comprennent le dialecte du terroir, un « idiome nouveau » qui a vu le jour au cours de ces cent dernières années. Autrefois, les gens avaient un peu honte de leur accent et de leur manière de s'exprimer, lorsqu'ils se retrouvaient hors des frontières de leur contrée, mais aujourd'hui, le patois de la Ruhr a acquis ses lettres de noblesse. Sur les chaînes de télévision nationales, de célèbres comédiens originaires de la région, révèlent au reste des citoyens allemands le franc-parler et l'humour inénarrable de leur terroir. Cependant, la langue n'est pas le seul lien qui unit les 5,2 millions de personnes vivant ici, entre Hamm et Duisburg, (de l'est à l'ouest) et entre Langenberg et Haltern (du sud au nord). Ils partagent aussi une histoire unique. Ce n'est pas celle des tribus germaniques qui ont colonisé la région avant Jésus-Christ, ni celle des Romains qui ont envahi l'est en longeant le Rhin, la Ruhr ou la Lippe. Leur histoire commune est celle de l'industrialisation, de l'exploitation minière, du labeur pénible dans les boyaux des mines et dans la fournaise des hauts fourneaux. Ce qui a soudé ces hommes, autochtones ou venus de tous les coins d'Europe a été la grande épopée du charbon et de l'acier, puis la crise économique qui s'est ensuivie, les bouleversements sociaux et finalement l'époque du recommencement.

Le bassin de la Ruhr partage plusieurs pages d'histoire avec la France. Au VIIIe siècle, sous Charles Martel, commence une période de conflits entre Saxons et Francs qui ne se terminera que 32 ans plus tard, avec la victoire de Charlemagne. La région autour de la Ruhr et de la Lippe sera annexée au royaume franc et évangélisée.

Es ist die Geschichte der Kohle- und Stahlkrise, der Zeit des Umbruchs, des Neubeginns, die die Menschen zusammenschweißt.

„Langsam, langsam,
kannze dat nich maan bissken sortiern?"
„Ja, fangen wir inne Vogangenheit an."

Unter Karl Martell kam es im 8. Jahrhundert zu Auseinandersetzungen zwischen Franken und Sachsen, die erst 32 Jahre später durch Karl den Großen siegreich beendet wurden. Das Gebiet an Ruhr und Lippe wurde in das Frankenreich eingegliedert und die Missionierung eingeleitet. In Recklinghausen, Bochum und Unna entstanden Urpfarren, die zusammen mit dem Werdener Kloster den königlichen Missionsbezirk Dortmund bilden. Von Werden und dem Essener Frauenstift aus erfolgten zahlreiche Kirchengründungen im mittleren Ruhrgebiet. Ab Mitte des 13. Jahrhunderts war das Revier Schauplatz von Machtkämpfen zwischen dem Erzbistum Köln und einzelnen Grafen. Die kleinen Städte an der Ruhr profitierten wirtschaftlich von ihrer Lage am Hellweg (alte internationale Handelsstraße) und ihrer Mitgliedschaft in der Hanse. Karl der Große baute den Hellweg, der bereits von Germanen und Römern genutzt wurde, weiter aus. Von der Ruhrmündung in Duisburg ging die Straße bis nach Paderborn und dann weiter gen Osten. Um 800 wurde der Hellweg wichtigste Verbindung von Ost nach West zur Königstraße, zur „Via regia". Er wurde als Nachschubstraße genutzt und half Karl dem Großen bei seinen Eroberungszügen. Der Königshof Duisburg, die karolingische Burganlage Essen, die Königshöfe Bochum und Dortmund sicherten die Tagesrationen der Soldaten und dienten als Residenzen für die Könige. Mit den Jahren wuchs die Bedeutung des Hellwegs als Handelsstraße. Um ihren Warenaustausch zu fördern, beteiligten sich bereits ab dem 12. Jahrhundert westfälische Kaufleute an der Gründung von Handelsniederlassungen in Brügge, London, Nowgorod und Visby.

The first pre-parishes were set up in Recklinghausen, Bochum and Unna – together with Werden Monastery they formed the royal missionary region of Dortmund. A large number of churches was founded in the central Ruhr area by the monasteries in Werden and Essen. From the middle of the 13th century on, the region was the site of power struggles between the archbishopric of Cologne and various counts. The small towns on the Ruhr profitted economically from their location on the Hellweg route and their membership of the Hansa League. Charlemagne extended the Hellweg, which had already been used by the early Germanic tribes and the Romans. The road extended from the mouth of the Ruhr in Duisburg as far as Paderborn and beyond. Around the year 800 the Hellweg, as the most important east-west route, was re-named the Royal Road, Via regia. It was used as a supply line for Charlemagne's campaigns. The royal court in Duisburg, the Carolingian castle fortifications in Essen, the courts in Bochum and Dortmund guaranteed the soldiers' rations and served as residences for the kings. Over the years, the Hellweg's importance as a trade route increased more and more. As early as the 12th century, Westfalian merchants started to set up trading posts in Bruges, London, Novgorod and Visby to increase their business. Westfalia was thus the homeland of the Hansa League. The members founded the cities of the Hansa League as a bulwark against the competition from England and the Netherlands. Bochum, Dortmund, Dorsten, Duisburg, Essen, Haltern, Hamm, Hattingen and Recklinghausen were among the towns in the Ruhr-Lippe area that belonged to the League. Trade flourished and brought them considerable prosperity.

"Lordy oh, what a lot of history."
"Want t'hear some more?" "If you like."

There was no evidence at the beginning of the 19th century to indicate the explosive development that was to follow.

Des missions sont fondées à Recklinghausen, Bochum et Unna. Elles sont rattachées au cloître de Werden et constituent la mission royale du territoire de Dortmund. Après le cloître de Werden et le couvent d'Essen, de nombreuses églises seront érigées dans le centre de la région. À partir du XIIIe siècle, elle devinnent la scène de luttes de pouvoir entre l'archevêché de Cologne et certains comtes locaux. Les bourgades de la vallée de la Ruhr profitent économiquement de leur situation sur la route de commerce appelée « Hellweg » et de leur appartenance à la Hanse, puissante association de cités marchandes. Charlemagne a poursuivi la construction du « Hellweg » que les Germains et les Romains utilisaient déjà. De l'embouchure de la Ruhr à Duisburg, la route rejoint Paderborn et continue plus loin vers l'est. À partir de 800, elle devient la liaison majeure entre l'ouest et l'est de l'Europe. La route royale ou « Via regia » sert également à Charlemagne dans ses guerres d'expansion, lui apportant troupes et ravitaillement. Les résidences royales de Duisburg, Bochum et Dortmund, de même que le fort carolingien d'Essen assurent les rations des soldats et abritent les rois, vassaux de l'empereur. Au fil du temps, le « Hellweg » gagnera de plus en plus d'importance en tant que route de commerce. Dès le XIIe siècle, des marchands westphaliens participent à la création de comptoirs à Bruges, Londres, Novgorod et Visby. C'est ainsi que la région westphalienne est considérée comme le berceau de la Hanse. Les membres de l'association réagissent contre la concurrence anglaise et néerlandaise en établissant les cités hanséatiques. Pour ce qui est des territoires de la Ruhr et de la Lippe, Bochum, Dortmund, Dorsten, Duisburg, Essen, Haltern, Hamm, Hattingen, Recklinghausen font partie de la Hanse. Jusqu'au XVIe siècle, ces villes jouiront d'une grande prospérité grâce au commerce florissant.

Au début du XIXe siècle, rien ne laisse supposer que la région va vivre un développement fulgurant.

Der westfälische Raum gilt somit als Mutterland der Hanse. Mit der Gründung der Hansestädte reagierten die Mitglieder auch auf die Konkurrenz aus England und den Niederlanden. An Ruhr und Lippe zählten unter anderem Bochum, Dortmund, Dorsten, Duisburg, Essen, Haltern, Hamm, Hattingen und Recklinghausen zur Hanse. Der florierende Handel verhalf den Städten zu einigem Wohlstand.

„Mannomann, ganz schön viel Geschichte."
„Willze noch mehr hööan?"
„Wennze meins."

Zu Beginn des 19. Jahrhunderts ließ im Ruhrgebiet nichts auf eine explosionsartig verlaufende Entwicklung schließen. Die kleinen Städte lagen eher verträumt in einer durch Wälder und Landwirtschaft geprägten Landschaft. 1818 lebten im heutigen Ruhrgebiet 160.000 Menschen – 1905 waren es bereits 1,7 Millionen. Im Wittener Muttental, der Wiege des Bergbaus, wurde bereits seit dem 16. Jahrhundert Kohle gewonnen. Sobald man auf Grundwasser stieß, war jedoch „Hängen im Schacht", wie man im Ruhrgebiet sagt – die Gruben wurden aufgegeben. Erst die Erfindung der Dampfmaschine, mit der das Wasser aus den Gruben gepumpt werden konnte, löste das Problem. Nun gab es kein Halten mehr. Das Ruhrgebiet erlebte einen wahren Industrialisierungs-Boom, der das Gebiet die nächsten 100 Jahre prägte. Als es 1837 dem Duisburger Franz Haniel auch noch gelang, das harte Deckgebirge über der Kohleschicht zu durchstoßen, konnten auch tiefer gelegene Flöze erreicht werden. Mit der Erfindung der Eisenbahn wurde erstens das Transportproblem gelöst, zweitens ein Absatzmarkt für den Stahl geschaffen: der Startschuss für die Stahldynastien Krupp und Thyssen. Der Ire Thomas Mulvany stieg neben Engländern, Belgiern und Holländern ins Kohlegeschäft ein. Ohne Rücksicht auf die Landschaft entstanden überall dort Zechen, wo man am besten an das „schwarze Gold" herankam.

The rather sleepy little towns were surrounded by a rural landscape of woods and farms. In 1818 the population of the present Ruhr area was 160,000, in 1905 it was 1.7 million. In the Mutten valley near Witten, the cradle of the mining industry, coal production began as early as the 16th century. But as soon as they struck groundwater, that was it and production had to stop. It was not until the invention of the steam engine, which made it possible to pump the water out, that the problem was solved. Now there was no holding them. The Ruhr experienced a veritable industrialisation boom that determined the course of the next 100 years. When Franz Haniel from Duisburg succeeded in penetrating the hard rocks covering the layers of coal deeper seams became accessible. The invention of the railway not only solved the problem of transport but also created a market for the steel that was produced: the Krupp and Thyssen dynasties arose. The Irishman Thomas Mulvany entered the coal mining business, alongside Englishmen, Belgians and Dutchmen. Without the least regard for the countryside or the landscape, pits were opened anywhere where it was easy to get the "black gold". Workers were recruited from Poland and Prussia. The pit owners promised higher wages and company flats – nowadays, beautifully restored, much sought-after rental accommodation. The process of industrialisation was accelerated by the Kaiser's rearmament policy and naval expansion. Each year hundreds of thousands of new workers flocked to the Ruhr. Years of unrest and struggles followed the First World War. The depression of 1929 led to massive unemployment, Nazi rule and rearmament – as the "country's steel forge", the Ruhr was heavily involved. After the Second World War, the Ruhr once again became a centre drawing people from all quarters. The pit owners flew in workers from Jugoslavia, Spain, Greece, Turkey and Italy because they were short of labour. Crisis came to the mining industry in the 1960s.

Les petites villes sommeillent plus ou moins entre les paysages de forêts et de champs cultivés. En 1818, le bassin actuel de la Ruhr compte 160 000 habitants; ils seront 1,7 million en 1905. On extrayait déjà du charbon au XVIe siècle dans la vallée de Mutten près de Witten qui est le berceau de l'exploitation minière. Mais les filons étaient abandonnés dès que l'on atteignait une nappe aquifère. L'invention de la machine à vapeur qui fournit le moyen de pomper l'eau souterraine, résoudra le problème. À partir de ce moment, plus aucun obstacle ne ralentira l'exploitation des mines. Le bassin de la Ruhr connaît un boom industriel qui le marquera durant cent ans. À partir de 1837, les veines de houille plus profondes peuvent également être atteintes lorsque Franz Haniel de Duisburg parvient à percer les morts-terrains. Avec l'invention du chemin de fer, les difficultés de transport n'existent plus et un nouveau débouché pour l'acier est créé : on assiste à la naissance des dynasties de l'acier Krupp et Thyssen. Des Irlandais, des Belges, des Anglais et des Hollandais se lancent dans l'industrie houillère. On creuse partout le sol qui contient « l'or noir », sans tenir aucun compte de la nature. La mair d'œuvre nécessaire est recrutée en Pologne, en Prusse orientale et occidentale. Les immigrés arrivent, attirés par la promesse de bons salaires et de logements. Entre parenthèses, les maisons des corons restaurées sont aujourd'hui très prisées. L'armement du pays et la construction de la flotte navale durant l'Empire de Guillaume II vont accélérer l'industrialisation. Chaque année, des centaines de milliers d'ouvriers émigrent vers le bassin de la Ruhr. Les années qui suivent la Grande Guerre sont marquées par des troubles graves et des luttes politiques. La crise économique mondiale de 1929 engendre un chômage massif qui sera résolu lorsque la région deviendra la « forge de la nation» durant le régime nazi, à savoir le réarmement de l'Allemagne. À la fin de la Deuxième Guerre mondiale, le bassin minier attire de nouveau des milliers de gens.

Aus Polen, Ost- und Westpreußen wurden Arbeitskräfte geworben. Die Zechenbetreiber versprachen höhere Löhne und Werkswohnungen, die auch heute noch – wunderschön restauriert – begehrte Mietobjekte im Revier sind. Die weitere Industrialisierung wurde durch Aufrüstung und Flottenbau des Deutschen Kaiserreiches beschleunigt. Jedes Jahr kamen hunderttausende neue Arbeiter ins Revier. Nach dem Ersten Weltkrieg prägten Jahre mit schweren Unruhen und Kämpfen das Ruhrgebiet. Der Weltwirtschaftskrise von 1929 folgten Massenarbeitslosigkeit, Nazi-Herrschaft und Wiederaufrüstung, woran das Ruhrgebiet als „Stahlschmiede der Nation" beteiligt war. Nach dem Zweiten Weltkrieg entwickelte sich das Revier schnell wieder zum Anziehungspunkt tausender Menschen. Aus Jugoslawien, Spanien, Griechenland, der Türkei und Italien flogen die Zechenbetreiber die zukünftigen Bergleute ein, weil ihnen die Arbeiter fehlten. In den 1960er Jahren – das Ruhrgebiet hieß längst „Ruhrpott" – begann die Bergbaukrise, der Abbau war nicht mehr rentabel. Die Stahlkrise folgte auf dem Fuße. Unter großem Protest der Bergarbeiter und Stahlkocher schlossen zahlreiche Zechen. Stahlwerke schrumpften sich gesund.

„Ja, und dann, wat hammse gemacht, im Revier?"
„Na, da hammse die Äääme hochgekrempelt, wie immer."

Seitdem ist das Ruhrgebiet im Umbruch. Statt auf Schwerindustrie setzt man nun verstärkt auf Dienstleistung und Verwaltung. In Essen sind zum Beispiel inzwischen mehr als zehn der größten deutschen Unternehmen ansässig. Man versucht die Vorteile des Ballungsraums zu nutzen, und die Metropole Ruhr entwickelt sich zum „In-Produkt" einer neuen Zeit. Auf alten Industriebrachen geschieht Erstaunliches: Landschaftsparks wie in Duisburg-Meiderich laden zu Musikevents, die Emscher wird renaturiert, ehemalige Geröllhalden begrünt, überall entstehen Wanderwege.

Many pits were no longer economic. Hard on its heels crisis overtook the steel industry, too. A large number of pits closed amidst huge protests from the miners and steelworkers. Steelworks were forced to restructure with massive job losses.

"And what happened then?"
"They pulled up their sleeves and got down to work, like they always did."

Since then the Ruhr has been in a process of change and restructuring. Reliance on heavy industry has been reduced, service industries and administration are in a process of continuous development and growth. More than ten of the largest German corporations have their seat in Essen for example. The advantages that the conurbation and its networks offer are being exploited. The Ruhr Metropolis is well on the way to become an "in-product" of an new age. Industrial wastelands are the site of remarkable new developments: Landscaped parks such as in Duisburg-Meiderich are the venues for musical happenings, the Emscher has been turned back to nature, former slag heaps are now green, hiking trails have been set up everywhere. Closed-down pits like the Zollverein in Essen have become industrial monuments, attracting hordes of visitors, the old gasometer in Oberhausen is the centre of a vibrant art scene. The IBA (international building exhibition) has had a seminal role. Cities, towns, administrative districts, companies and private investors combined to plan and realise over 100 projects within the space of just ten years. The IBA, which closed in 1999, helped to give the Ruhr a new image. State Garden Shows, for example in Mülheim or Oberhausen, added to the numerous new recreational areas lakes, woods, parks, zoos and rivers. Idyllic old town centres with half-timbered houses are to be found alongside castles and other historic buildings.

Les industriels manquent de main-d'œuvre et font venir leurs futurs mineurs par avion de Yougoslavie, Espagne, Grèce, Turquie et Italie. Mais la crise du charbon s'annonce dans les années 1960. L'exploitation minière n'est plus rentable. La crise de l'acier suit presque immédiatement. Les mines ferment les unes après les autres en dépit des mouvements de contestations des mineurs. L'industrie métallurgique se restructure et diminue ses effectifs.

Depuis, le bassin de la Ruhr est en plein bouleversement. Les secteurs tertiaires et l'administration des entreprises remplacent peu à peu l'industrie lourde. Dix des plus grandes sociétés allemandes se sont par exemple installées à Essen. Les agglomérations industrielles offrent en effet de nombreux avantages tels que des infrastructures modernes. Le bassin de la Métropole de la Ruhr est de nouveau une région recherchée. Les anciens sites industriels ont subi des transformations étonnantes : Ils sont devenus des parcs naturels tels que celui de Duisburg-Meiderich, réputé pour ses manifestations musicales ; la contrée de l'Emscher a été reboisée ; les crassiers sont couverts de verdure ; des chemins de randonnée balisés sillonnent la campagne. Désormais monuments d'une ère industrielle révolue, des mines désaffectées comme celle de Zollverein à Essen attirent un vaste public. L'ancien gazomètre d'Oberhausen est un haut lieu de l'art. Cette évolution est en grande partie due à la « Internationale Bauaustellung Emscherpark » (IBA). L'organisme mis en place jusqu'en 1999 et réunissant des villes, des arrondissements, le Land de la Rhénanie du Nord-Westphalie, des sociétés, des comités, des initiatives et des investisseurs privés, a réalisé plus de cent projets en 10 ans et aidé le bassin de la Ruhr à acquérir une nouvelle image. Il a presque retrouvé sa nature d'antan et abonde en espaces verts, lacs, forêts, rivières, parcs et zoos.

Stillgelegte Zechen wie der Zollverein in Essen werden zu Industriedenkmälern und Publikumsmagneten, im ehemaligen Gasometer Oberhausen gibt sich die Kunstszene die Klinke in die Hand. Viel dazu beigetragen hat die Internationale Bauausstellung Emscher Park (IBA). Städte und Kreise, das Land NRW, Initiativen, Vereine, Firmen und private Investoren setzten sich zusammen und verwirklichten innerhalb von zehn Jahren über 100 Projekte. 1999 war das Finale der IBA, die mithalf, dem Ruhrgebiet ein neues Image zu geben; 2010 war die Metropole Ruhr Kulturhauptstadt Europas. Landesgartenschauen, wie zum Beispiel in Mülheim oder Oberhausen, ergänzen die zahlreichen Erholungsflächen im Revier: ob das nun Seen, Wälder oder Parks, Zoos oder Flüsse sind. Idyllische Altstädte mit schmucken Fachwerkhäusern findet man im Revier – ebenso wie kleine Schlösser und Burgen. Doch nicht nur die neu genutzten alten Hallen und der Stolz auf die Industriegeschichte bilden nun den Grundstein für ein neues Selbstbewusstsein der Revier-Bewohner. Längst hat sich auch die Wissenschaft hier im Ballungsraum etabliert. Universitäten, Fach- und Musikhochschulen sind aus der deutschen Hochschullandschaft nicht mehr wegzudenken und erfreuen sich zudem unter den Studenten enormer Beliebtheit. Technologie- und Forschungszentren sprießen aus dem Boden. Das kulturelle Angebot sucht seinesgleichen in Deutschland: Ob es nun die Ruhrfestspiele in Recklinghausen, die Mülheimer Theatertage, Musikfestivals an der Ruhr, die zahlreichen Museen, Theater, Opernhäuser, Musicals, Orchester oder Kleinkunstbühnen sind: Hier tut sich was.

„Meinsse wiiieaklich?"
„Ja, dat mein ich und deswegen sach ich auch heute: Bis die Tage"

... was soviel heißt wie: Bis bald in der Metropole Ruhr!

But it is not just the old factory buildings, the pride of the industrial age, that form the basis of a new sense of confidence in the Ruhr. Science and the humanities, too, have long since established a foothold. Universities, polytechnics and conservatories in the area have a solid reputation across the country, and are extremely popular with the students. Research and technology centres are springing up all over the place. The cultural scene is unrivalled: Whether it's the Ruhr Music Festival in Recklinghausen, the Theatre Festival in Mülheim, the countless museums, theatres, opera houses, orchestras or alternative theatres – the region is buzzing.

"D'ya reckon, really?"
"Sure, and that's why I say, 'Cheers for now, and see you at the Ruhr some day soon.'"

Des villes charmantes aux quartiers anciens réhabilités, des villages pittoresques, des châteaux et manoirs chargés d'histoire attirent les touristes. La fierté de continuer à participer à l'évolution industrielle façonne également la nouvelle assurance des habitants de la région. Divers domaines de la science y sont établis depuis des décennies. Les universités, hautes écoles et conservatoires des grandes villes de la Ruhr sont aujourd'hui parmi les plus réputés d'Allemagne. Les centres de technologie et de recherches poussent comme des champignons. Par ailleurs, la vie culturelle a pris une ampleur immense et propose un remarquable éventail de manifestations artistiques: que ce soit les Fêtes théâtrales de la Ruhr à Recklinghausen, les Journées du théâtre de Mülheim, le Festival de musique de la Ruhr, sans parler des expositions et des nombreux musées, théâtres, opéras, music-halls, cabarets et orchestres. En bref, le bassin de la Ruhr s'est forgé un nouvel avenir grâce à la ténacité et au dynamisme de ses citoyens.

Die an der Ruhrmündung gelegene Metropole entwickelte sich bereits im Mittelalter zu einem urbanem Handelszentrum, verlor jedoch im 13. Jh. durch die Verlagerung des Rheins erheblich an wirtschaftlicher und politischer Bedeutung. Heute ist Duisburg die fünftgrößte Stadt in NRW und ein wichtiges Zentrum der Stahlindustrie. Schon die Firma Krupp erkannte Anfang des 20. Jh. den Stellenwert der Naherholung und überließ der Stadt Baggerseen zur Rekultivierung für Sport- und Freizeit. Die jüngste Hochschule in NRW ist Duisburg (2003), sie zählt zu den größten Deutschlands.

The metropolis of Duisburg, at the mouth of the Ruhr, prospered as an urban trade settlement as far back as the Middle Ages. In the 13th century it lost considerable economic and political influence when the course of the Rhine was changed. Today, Duisburg is the fifth largest town in North Rhine-Westphalia and a key centre of the steel industry. It has a university from which graduates emerge, and the area of the six lakes of Wedau is a sports paradise.

Située à l'embouchure de la Ruhr, Duisburg était déjà une ville de commerce majeure au Moyen Âge, mais perdit beaucoup de son importance économique et politique après le déplacement du cours du Rhin au XIIIe siècle. Aujourd'hui, elle est la cinquième ville de Rhénanie du Nord-Westphalie et un grand centre de l'industrie lourde. Elle a de nouveau une université importante. Et un véritable paradis sportif a vu le jour au bord des lacs près de Wedau, avec des stades, et où l'on peut aussi pratiquer le nautisme.

▽ Sechs-Seen-Platte / Six-Lakeland / terre du six lacs △ Ruhrwiesen bei Duisburg / floodplain area of the Ruhr / zone inondable de la Ruhr ▽ Duisburg-Wedau, Sportpark

DUISBURG am Rhein

Stimmungsvoll präsentieren sich der Duisburger Innenhafen (oben) und der Außenhafen (unten). Doch nicht nur nachts, auch tagsüber hat sich der größte Binnenhafen Europas zu einem beliebten Ausflugsziel entwickelt. Markante Speichergebäude wurden stilvoll und behutsam renoviert. Wo früher Getreide gelagert wurde, laden jetzt Cafés und Restaurants zum Verweilen ein. In der Marina Duisburg haben die Wassersportler das Sagen, während Kulturinteressierte in der „Küppersmühlesammlung Grothe" – einem Museum für deutsche Gegenwartskunst – auf ihre Kosten kommen.

DUISBURG on the Rhine

Duisburg's inner (p. above) and outer (p. below) harbour exudes an impressive ambiance. Europe's largest inland harbour has turned into a popular destination to visit, not only at night but during the day, too. Striking storehouses were carefully and stylishly renovated. Where grain was once stored, cafés and restaurants now entice visitors to linger a while. At the Duisburg marina, water sports enthusiasts are in their element while those interested in culture will enjoy the "Küppersmühle – Grothe Collection", a museum of German contemporary art.

DUISBURG sur le Rhin

Le intérieur (p. dessus) et extérieur (p. ci-dessuous) port fluvial de Duisburg, qui est le plus grand d'Europe, n'offre pas seulement un décor impressionnant la nuit. Il est devenu un but d'excursion populaire, très fréquenté durant la journée. Certains de ses entrepôts, où l'on stockait jadis les céréales, ont été admirablement rénovés et abritent aujourd'hui des cafés et restaurants. La « Marina », port de plaisance, est le fief des yachtmen et amateurs de sports nautiques. La « Küppersmühle-Sammlung Grothe », musée d'art contemporain allemand, fera le bonheur des amateurs de peinture moderne.

DUISBURG, Binnenschifffahrtsmuseum

Ein Lastensegler unter vollen Segeln – das ist eins der eindrucksvollsten Exponate des Schifffahrtsmuseums. Auf drei Etagen erleben die Besucher einen multimedialen Rundgang durch die Geschichte der Schifffahrt von der Steinzeit bis in die Gegenwart. Viele Ausstellungsstücke lassen sich anfassen: Die Besucher erleben dadurch das Leben und Arbeiten der Schiffer in früheren Jahren hautnah. Beherbergt ist das Museum in einer Jugendstil-Badeanstalt aus dem Jahr 1910, deren große Fenster und Galerien den Exponaten einen prächtigen Rahmen geben.

DUISBURG, Maritime museum

A cargo sailing ship under full sail is one of the most impressive exhibits at the maritime museum. On three storeys, visitors can experience a multimedia journey through the history of navigation, from the Stone Age to the present day. Many exhibits are hands-on, providing visitors with an up-close experience of life and work of mariners in former times. The museum is housed in an art nouveau indoor swimming facility that dates back to 1910. The building's large windows and galleries provide a magnificent setting for the exhibits.

DUISBURG, Musée de la Navigation

Un cotre, voiles déployées – une des pièces remarquables exposées au musée de la Navigation de Duisburg. Sur trois étages, le visiteur découvre l'histoire de la navigation intérieure, racontée par divers médias, depuis l'âge de la pierre à nos jours. On peut toucher et examiner de nombreux objets, et découvrir ainsi de tout près la vie et le labeur des marins d'autrefois. Une piscine bâtie en 1910 dans le style Art nouveau abrite le musée. Vastes fenêtres et galeries offrent un cadre magnifique aux objets exposés.

DUISBURG, Museum der Deutschen Binnenschifffahrt, Museumsschiff „Oskar Huber“△ ▽Lastensegeler von 1913

Duisburg, City-Palais und Königsgalerie

„Duisburgs Junges Herz" – mit diesem Titel schmückt sich das City-Palais. Der moderne Gebäudekomplex vereint unter seinem Dach neben einer großzügigen Einkaufspassage auch die Konzerthalle der Duisburger Philharmoniker mit 1.750 Sitzplätzen, die Mercatorhalle – ein großes Kongress- und Tagungszentrum - und das Casino Duisburg, das modernste Spielcasino Deutschlands. – Außen präsentiert sich die Königsgalerie im Duisburger Zentrum mit einer eindrucksvollen Fassade, im Inneren können die Besucher auf zwei weitläufigen Etagen einem ausgiebigen Einkaufserlebnis frönen.

Duisburg, City-Palais and Königsgalerie

The motto of the CityPalais proclaims it to be "The Young Heart of Duisburg". As well as a spacious shopping arcade, this modern building complex unites the Duisburg Philharmonic's 1,750-seater concert hall, the Mercatorhalle – a large congress and conference venue – and the Duisburg Casino, Germany's most up-to-date gambling house, all under the same roof. – The impressive exterior façade of the Königsgalerie ("King's Gallery") in the centre of Duisburg complements the lavish shopping experience that awaits visitors over two extensive floors when they step inside.

Duisburg, City-Palais et Königsgalerie

« Duisburgs Junges Herz » (Duisburg, éternellement jeune), telle est la devise du City-Palais. Cet ensemble immobilier ultra moderne regroupe sous un même toit un vaste centre commercial, la Mercatorhalle, salle de concert de l'orchestre philarmonique de Duisburg, qui peut accueillir 1750 spectateurs assis, un grand palais des congrès, ainsi que le casino le plus moderne d'Allemagne. De l'extérieur, l'imposante façade de verre donne une touche de modernité au centre de Duisburg. A l'intérieur, les visiteurs peuvent s'adonner aux joies du shopping sur deux étages.

Duisburg-Marxloh, Merkez-Moschee

Ein prächtiger Kuppelbau im traditionell osmanischen Stil: Die Merkez-Moschee wurde im Jahr 2008 nach dreijähriger Bauzeit eingeweiht und gilt als eines der größten muslimischen Gotteshäuser in Deutschland. Bis zu 1200 Menschen finden hier Platz. Ihr Minarett ist mit 34 Metern Höhe in Duisburg-Marxloh weithin sichtbar. Die Moschee dient nicht nur als religiöser Treffpunkt, sondern wird zugleich auch als Begegnungsstätte im Stadtteil Marxloh genutzt, um das Miteinander der Menschen unterschiedlicher Herkunft und Religion im Ort zu stärken.

Duisburg-Marxloh, Merkez Mosque

A magnificent domed structure in traditional Ottoman style: The Merkez Mosque was consecrated in 2008 after a three-year construction period. It can accommodate up to 1,200 people and is considered one of the largest Muslim houses of worship in Germany. With a height of 34 metres, its minaret is visible from afar in Duisburg-Marxloh. The mosque not only serves as a religious gathering place but is also used as a community centre in the Marxloh district to strengthen the cooperation between people of different origins and religions.

Duisburg-Marxloh, mosquée Merkez

Une coupole somptueuse réalisée dans le style ottoman traditionnel : la mosquée Merkez a été inaugurée en 2008 après trois ans de construction et est le plus grand édifice religieux musulman d'Allemagne. Elle peut accueillir jusqu'à 1200 personnes. Haut de 34 mètres, et visible de loin, son minaret domine le quartier de Duisburg-Marxloh. La mosquée ne sert pas seulement à des offices religieux, elle est aussi un lieu de rencontre dans le quartier de Marxloh, qui encourage l'interaction de gens de confessions et d'origines différentes.

1934 wurde der heutige Duisburger Zoo als Tierpark eröffnet. 1965 entstand das erste Delfinarium Europas und ist bis heute sehr beliebt. Gleichzeitig widmete man sich der Wal-Pflege, was zu einem außergewöhnlichen Bestand dieser bedrohten Tierart führte. Mit Zunahme der Artenvielfalt bekam der Tierpark 1970 den Status als Zoo. Die Zooschule ist ein favorisiertes Highlight von Schulklassen. Übrigens: Der Duisburger Zoo ist in Europa einzigartig mit seiner Koala-Aufzucht. Viele andere vom Aussterben bedrohte Arten bekommen hier sensationellen Nachwuchs.

Duisburg Zoo was opened in 1934. It thus came into being in ill-fated times, but today, thanks to numerous wealthy patrons from local industries, it stands in an unusually large park and houses a vast number of animal species. The Dolphinarium is one of the top attractions for visitors, as is the Zoo School, a favourite destination for whole school classes. It's worth mentioning that at present Duisburg Zoo is the only one in Germany that breeds koala bears. One of the year's sensations was the news that the female gorilla Safiri had given birth without any problems.

Le zoo de Duisburg fut inauguré en 1934. Grâce à de nombreux et généreux donateurs, des industriels de la région, il s'est beaucoup agrandi et abrite un nombre considérable d'espèces animales. Il était pourtant né sous une mauvaise étoile : 1934 était la date de sa fondation. Outre le delphinarium, l'école du zoo est un des grands favoris, surtout pour les scolaires. Par ailleurs : le zoo de Duisburg est jusqu'à présent l'unique zoo allemand à élever des koalas. La naissance en captivité, sans aucun problème, du bébé du gorille femelle Safiri, a fait sensation!

△ Delfine

△ Delfin-Show im Delfinarium

▽ Gorillaweibchen mit Nachwuchs

▽ Koala-Bär

Das Stadion des MSV – Heimat der Duisburger „Zebras" – fasst 30.000 Zuschauer. Eingebettet ist das 2005 erbaute Stadion in den rund 200 Hektar großen Sportpark Wedau im Duisburger Süden. Er bietet nicht nur Fußballern das entsprechende Ambiente: Hier trainieren auch Eishockeyspieler, Leichtathleten, Schwimmer, Kanuten und Ruderer. Entstanden ist der Park mit seinen Seen bereits Anfang des letzten Jahrhunderts: Damals hinterließ die Firma Krupp der Stadt Duisburg das Gebiet mit der Auflage, dort ein Naherholungsgebiet zu schaffen.

The stadium of the MSV – home of the Duisburg "Zebras" – can accommodate 30,000 spectators. The stadium was built in 2005 and is situated in the Wedau Sports Park, which stretches over an area of approximately 200 hectares in the south of Duisburg. Its setting is not just suitable for footballers: Ice hockey players, track and field athletes, swimmers, canoeists and rowers also train here. The park and its lakes were created at the start of the last century, when the company Krupp gave the site to the city of Duisburg on the condition that a local recreation area will be established here.

Le stade des MSV – ou des « Zebras » de Duisburg, peut accueillir 30 000 spectateurs. Construit en 2005, il fait partie du complexe sportif de Wedau, vaste de quelque 200 hectares, qui s'étend dans le sud de Duisburg. Outre les footballeurs, les joueurs de hockey sur glace, les athlètes et les nageurs, les compétiteurs d'aviron et de canoë trouvent ici des conditions idéales d'entraînement. Le parc parsemé de lacs existe depuis le début du siècle dernier : à cette époque, la firme Krupp fit don du site à Duisburg, pour qu'elle le transforme en une aire de loisirs pour les habitants de la ville.

DUISBURG-NORD, Landschaftspark

Kultur im alten Hüttenwerk – das ist nur eines der Highlights des Landschaftsparks Duisburg-Nord. In kurzer Zeit wandelte sich die ehemalige Industriebrache zu einem Park, der seinesgleichen sucht. Auf 200 Hektar können sich die Besucher so richtig austoben: Das Angebot reicht vom Tauchen im ehemaligen Gasometer bis hin zum alpinen Klettern im ehemaligen Erzlagerbunker. Besucher können das Gelände zu Fuß oder per Leih-Rad erkunden. Wem das alles zu viel Aktion ist, der steigt auf einen erloschenen Hochofen und genießt einfach die Aussicht.

DUISBURG-NORD, Landscape Park

Cultural events at the old smeltery are just a fraction of the highlights offered at the Duisburg-Nord Landscape Park. In a short time, the former industrial wasteland turned into a park that is unrivalled. Visitors can have fun to their hearts' content on 200 hectares. Offerings range from diving in the former gasometer to alpine climbing in the former ore bunker. The area can be explored by foot or rented bicycle. Those for whom this is too mutch action can climb an extinct blast furnace and simply enjoy the view.

Landschaftspark DUISBURG-NORD

La culture dans les anciennes mines – une des attractions qu'offre le Landschaftspark établi dans le nord de Duisburg. Dans un court laps de temps, le site industriel désaffecté s'est transformé en un parc de loisirs de 200 hectares, unique en son genre. Il offre un choix impressionnant de divertissements, depuis la plongée dans d'anciens gazomètres à l'escalade de parois de vieilles galeries minières. Les visiteurs peuvent explorer le parc à pied ou louer des bicyclettes. Si l'on préfère le calme, on peut tout simplement monter au sommet d'un haut-fourneau pour jouir de la vue environnante.

DUISBURG-BRUCKHAUSEN, ▷
ThyssenKrupp AG

BANK
Dortmund
IKEA

Der Rhein-Herne-Kanal verbindet Oberhausen mit dem internationalen Kanal- und Schifffahrtsnetz. Obwohl 1914 für wirtschaftliche Zwecke erbaut, verbringen viele Anwohner heute ihre Freizeit im und am Kanal. — Auch musikalische Highlights bietet die Neue Mitte Oberhausens, mit der „König-Pilsener-Arena", eine Veranstaltungshalle mit 13.000 Sitzplätzen. In unmittelbarer Nähe des Centros befindet sich der begehbare Gasometer aus dem Jahre 1929, der sich seit 1994 als Ausstellungshalle zur Attraktion im Revier entwickelt hat. Seit 2006 zählt er zur „Europäischen Route der Industriekultur".

The Rhine-Herne Canal connects Oberhausen with the international canal and shipping route network. Though built in 1914 for economic purposes, many residents today spend their leisure time in and around the canal. — Also musical highlights are offered at the New Center Oberhausen, with the König-Pilsener-Arena, a hall with 13,000 seats. Nearby there is the gasometer, open to the public. Built in 1929 to store coking plant gas, it has become an attraction right across the Ruhr area since it opened as an exhibition centre in 1994. Since 2006 it is part of the „European Route of Industrial Heritage".

Le canal du Rhin-Herne relie Oberhausen au réseau international de canaux et navigation fluviale. Construit à des fins économiques en 1914, le canal et ses rives sont également devenus un lieu de loisirs et de détente très fréquenté des habitants d'Oberhausen. — Même les faits saillants de musique, offers le nouveau centre de Oberhausen, avec L'Arena « König-Pilsener » qui se dresse à côté est un hall de 13 000 places, destiné entre autres aux manifestations musicales. À proximité du Centro, on découvre l'ancien gazomètre de la ville, érigé en 1929 pour stocker le gaz de cokerie.

DAS
AUGE
ARENA

GNESE®
TAMA.
TAMA.

Lichtdurchflutete Gänge mit zahlreichen Geschäften und viel Platz zum Ausruhen bietet das Centro in Oberhausen in einer ansprechenden und modernen Architektur. Die rund 400 Meter lange Promenade gilt als Dreh- und Angelpunkt des Centro Oberhausen. Das große Angebot der zahlreichen Kneipen und Restaurants hat sich herumgesprochen: In lauen Sommernächten bleibt kein Platz frei. Die „Neue Mitte Oberhausens" ist eine Erfolgsgeschichte: Von der Industriebrache entwickelte sich das Gelände zum Publikumsmagneten.

The Centro is made of passageways flooded with light and filled with shops and spaces to sit and relax. And if you have enough of shopping you can retreat to the adjacent Centro Leisure Park for some relaxation. The promenade, approximately 400 metres long, is considered the linchpin of Centro Oberhausen. The large selection of numerous pubs and restaurants is well-known: On balmy summer nights, no space remains unoccupied. The "New Centre" of Oberhausen is a success story: The area transformed from industrial wasteland into a crowd magnet.

Le Centro offre des allées commerçantes baignées de lumière et de nombreux espaces détente. Un parc verdoyant fait également partie du complexe. Longue d'environ 400 mètres, la Promenade est l'artère vitale du quartier appelé Centro. Quand il fait beau, les terrasses des nombreux cafés et restaurants affichent complet, durant la journée et le soir. Le nouveau centre de la ville raconte une histoire à succès : un site industriel désaffecté s'est transformé en un quartier citadin très animé.

SATURN
STARBUCKS COFF
vodafone
MARKTPLATZ
Coca-Cola
STARBUCKS COFFEE

Fast siebzig Jahre lang diente der Gasometer der Industrie: Hier wurde Gas gespeichert und nach Bedarf wieder abgegeben. Mit 117 Metern Höhe und einem Durchmesser von knapp 70 Metern galt er als größter Gasbehälter Europas. Heute ist das Industriedenkmal die größte Ausstellungshalle Europas und – direkt neben dem Centro Oberhausen gelegen – das Wahrzeichen der Stadt. Besucher gelangen mit einem Panoramaaufzug im Innern des Gasometers bis unter das Dach, dort wird man mit einer spektakulären Aussicht über das Ruhrgebiet belohnt.

The gasometer served the industry for almost seventy years. Here, gas was stored and released as needed. With a height of 117 metres and a diameter of just under 70 metres, it was considered Europe's largest gasholder. Today, the industrial monument ranks as the largest exhibition hall in Europe and located directly adjacent to the Centro Oberhausen – it is also the city's landmark. A panorama lift inside the gasometer takes visitors up to just underneath the roof. Going onto the roof is rewarded with a spectacular view of the Ruhr area.

Le gazomètre d'Oberhausen servit à l'industrie pendant près de soixante-dix ans. D'une hauteur de 117 mètres et d'un diamètre de près de 70 mètres, il était le plus grand réservoir, distributeur de gaz d'Europe. Ce monument de l'ère industrielle est aujourd'hui la plus vaste salle d'exposition d'Europe. Situé juste à côté du Centro, il est aussi devenu l'emblème d'Oberhausen. Les visiteurs atteignent son sommet par un ascenseur intérieur. Un panorama spectaculaire sur le bassin de la Ruhr récompense la montée jusqu'au toit de l'édifice.

Ein beliebtes Ausflugsziel ist die spätgotische Wasserburg Vondern. Sie stammt aus verschiedenen Epochen. Die Ursprünge gehen wahrscheinlich ins 13. Jahrhundert zurück. Einen Abstecher wert ist auch das im klassizistischen Stil erbaute Schloss Oberhausen (1804-1821). Nach umfangreichen Restaurierungsarbeiten wurde es als Ludwig Galerie Schloss Oberhausen wieder eröffnet. Ein Gang durch die alte Arbeitersiedlung Eisenheim, von der Gutehoffnungshütte 1844-1901 erbaut, ist ein Muss für jeden an der Industriekultur Interessierten.

Vondern Castle, a late-Gothic moated castle, is very popular with visitors. Its origins probably date back to the 13th century, after which it was altered several times. Oberhausen Castle, built in the classicistic style from 1804 to 1821, is also worth a detour. After extensive restoration work it was re-opened as the Ludwig Gallery Oberhausen Castle. A stroll through the old workers' settlement Eisenheim, built by the Gutehoffnungshütte between 1844-1901, is a must. It is one of the oldest and best preserved of its kind.

Le château de Vondern est un but d'excursion très apprécié des habitants d'Oberhausen. L'édifice est en style gothique tardif, mais ses origines remontent certainement au XIIIe siècle. Le château d'Oberhausen a été construit en style néoclassique entre 1804 et 1821. Après d'importants travaux de restauration, il a été transformé en musée d'art moderne et est de nouveau ouvert au public. Un autre lieu intéressant d'Oberhausen est la cité ouvrière « Eisenheim », construite par les mines Gutehoffnungshütte entre 1844-1901.

In altem Glanz erstrahlt das märchenhaft anmutende Wasserschloss Haus Beck. Entworfen vom renommierten westfälischen Architekten Johann Conrad Schlaun, erlebte das 1766 bis 1777 erbaute Gebäude eine wechselvolle Geschichte. Erst der Kauf durch einen Privatmann und die Hilfe der staatlichen Denkmalpflege erlaubten die liebevolle Restaurierung. Sehr beliebt bei Familien mit kleinen Kindern ist der zum Schloss gehörende Freizeitpark mit Gruselkeller, Wasserrutschen und Marienkäferbahn.

Reminiscent of fairytales, Beck castle shines in old splendour. Designed by renowned Westphalian architect Johann Conrad Schlaun, the structure built from 1766 to ,1777 experienced a changeful history. Only the acquisition by a private citizen and state assistance for historic preservation allowed the loving restoration of the castle. The amusement park belonging to the castle, with haunted cellar, water slides and ladybug coaster, is very popular with families with small children.

Haus Beck, véritable château de contes de fées a retrouvé sa splendeur passée. Construit de 1766 à 1777par Johann Conrad Schlaun, architecte renommé de Westphalie, le château entouré de douves vécut une histoire très mouvementée. Son acquisition par une personne privée et l'aide du service national d'entretien des monuments a permis sa restauration très réussie. Appartenant au château, le parc de loisirs doté d'oubliettes à donner le frisson, de toboggans aquatiques et d'un petit train « coccinelle » est très apprécié des familles avec jeunes enfants.

Hollywoods Wind weht auch im Ruhrpott: Im Movie Park Germany können die Besucher nicht nur filmreife Stunts live erleben. Auf dem Parkgelände mit einer Gesamtfläche von 45 Hektar kann man sich von tollen Shows begeistern und mit faszinierenden Animationen in die Welt der Dinosaurier entführen lassen. Für Schwindelfreie gibt es Achterbahnen inklusive Looping und einen Freifallturm von 60 Metern Höhe – hier geht es mit 100 Stundenkilometer abwärts. Wer ´s beschaulicher mag, findet im „Nickland" Attraktionen für die ganze Familie.

Hollywood comes to the Ruhr Valley: Visitors to Movie Park Germany don't just have live cinematic stunts to look forward to. Measuring in at 112 acres in size, the park will excite you with great shows and whisk you away into the world of the dinosaurs with some spellbinding animations. If you've got a head for heights, you'll love the looping rollercoasters and a 197-foot free-fall tower that plummets towards the earth at 60 mph. If you like things a little more sedate, you'll find attractions for all the family in "Nickland".

La Rhur prend des allures de plateau de cinéma: dans le parc d'attractions dédié au 7ème art, les visiteurs peuvent notamment assister à un spectacle de cascades impressionnant. Sur une surface totale de 45 hectares, des attractions époustouflantes raviront petits et grands. Laissez-vous transporter au cœur d'une animation fascinante au temps des dinosaures. Un grand huit avec looping et une tour de chute libre de 60 mètres de haut qui vous précipite dans le vide à près de 100 km/h attendent les amateurs de sensations fortes. Pour une journée plus tranquille en famille, optez pour un voyage dans le monde de « Nickland ».

 BOTTROP, Blick auf das Bergwerk Prosper Haniel / Prosper Haniel Coal Mine / La mine Prosper Haniel

Im Bergwerk Prosper-Haniel fördert die RAG Deutsche Ruhrkohle AG jährlich rund drei Millionen Tonnen Steinkohle. Seit dem Beginn der Förderung in den 1860er Jahren haben die Kumpel bereits mehr als 300 Millionen Tonnen Kohle aus den Stollen geholt. In der riesigen Anlage arbeiten heute rund 4.200 Mitarbeiter. Die Stollen reichen bis zu 1.300 Meter tief, das unterirdische Streckennetz hat eine Gesamtlänge von über 140 Kilometern. Die Kohle aus dem Bergwerk Prosper-Haniel kommt vor allem in Kraftwerken zur Stromerzeugung zum Einsatz.

RAG, a German coal mining company, produces around 3.3 million tons of coal each and every year at the Prosper Haniel Coal Mine. Since work began here in the 1860s, the miners have hewn more than 330 million tons of coal from the colliery's tunnels. Around 4,200 people work in the gigantic complex today. The tunnels reach down to a depth of up to 4,265 feet, forming a subterranean network with a total length of over 88 miles. Coal from the Prosper Haniel mine is predominantly used to produce electricity in coal-fired power plants.

Trois millions de tonnes de charbon sont extraites chaque année de la mine Prosper Haniel, exploitée par la Deutsche Ruhrkohle AG. Depuis les premières extractions dans les années 1860, les mineurs ont déjà remonté plus de 300 millions de tonnes de charbon à la surface. Aujourd%'hui, près de 4200 personnes travaillent dans cette gigantesque installation. Les galeries peuvent atteindre jusqu'à 1300 mètres de profondeur, et le réseau souterrain mesure plus de 140 kilomètres de long au total. Le charbon de la mine Prosper Haniel est principalement utilisé pour produire de l'électricité dans les centrales électriques.

Die Halde Haniel ist mit 159 Metern eine der höchsten Abraumhalden des Ruhrgebiets. Alljährlich an Karfreitag ziehen Gläubige – viele davon in der traditionellen Kleidung der Bergleute – die 15 Stationen eines Kreuzwegs die Halde empor. In der Prozession spiegelt sich die enge Verbundenheit zwischen Kirche und Bergbau im Ruhrgebiet wider. An der Spitze des Zuges gehen ehemalige Hauer mit Fahne und alter Grubenlampe. An der Halde gelegen ist die Bergarena, ein Amphitheater mit 800 Plätzen. Hier finden regelmäßig Kultur- und Theaterveranstaltungen statt.

Standing at a height of 522 feet, the Halde Haniel is the tallest slagheap in the Ruhr Valley. Every year on Good Friday, worshippers – many of whom wear traditional miners' clothing – climb up the heap past the 15 Stations of the Cross. The procession reflects the close-knit bond that exists between the church and the mining industry in the Ruhr. Former pit workers carry banners and old miner's lamps at the head of the procession. Regular cultural and theatrical events are held at the Bergarena, an 800-seat amphitheatre found at the top of the heap.

Culminant à 159 mètres, le terril Haniel compte parmi les plus hauts de la Ruhr. Chaque année, le Vendredi saint, des croyants, pour la plupart vêtus du costume traditionnel des mineurs, gravissent les pentes du terril en suivant les 15 stations du chemin de croix. Lors de la procession, on perçoit bien la relation étroite entre l'église et la mine dans la région de la Ruhr. En tête du cortège, d'anciens haveurs ouvrent la marche avec un drapeau et une vieille lampe de mineur. Au sommet du terril un amphithéâtre en plein air de 800 places accueille régulièrement des manifestations culturelles ou des représentations théâtrales.

Dem Traum vom Fliegen kommt man im Bottroper Indoor-Skydiving-Center nah. Eine Hochleistungsturbine sorgt für einen Luftstrom mit einer Geschwindigkeit von fast 300 Stundenkilometern und für genügend Auftrieb zum Abheben. Die Windkammer ist mit einer Höhe von 17 Metern die höchste in Europa. – Ehemalige Geröllhalden, die durch den Bergbau anfielen, verwandelten sich im Laufe der Jahre in grüne Oasen und Naturschutzgebiete, wie hier im Naturpark Hohe Mark an der Kirchheller Heide. Außerhalb Bottrops lohnt sich der Aufstieg auf die Halde an der Beckstraße zum Tetraeder.

Ever dreamt of flying like a bird? You can experience the next best thing at the Bottrop Indoor Skydiving Centre. A high-performance turbine generates an airstream that shoots up at nearly 185 mph, creating enough lift to send you soaring. The 56-foot high wind tunnel is the tallest in Europe. – Over the years, former mining slagheaps have been turned into natur reservations like here at the Natunal Park Hohe Mark near Kirchheller Heide. A climb up the slagheap on Beckstrasse outside Bottrop is well worthwhile. At the top there is a tetrahedron, with a platform at the top offering a panoramic view of the Ruhr.

Vous avez toujours rêvé de voler ? Le Skydiving Center indoor de Bottrop est fait pour vous. Une méga turbine actionnée par d'énormes moteurs propulse du vent à 300 km/h dans un tunnel de 17 mètres de haut et vous fait décoller en quelques secondes. Venez vous éclater dans le tunnel de soufflage le plus haut d'Europe. – Au cours du temps, les anciens crassiers, vestiges de l'exploitation minière, se sont aussi transformés en oasis de verdure et réserves naturelles comme le Hohe Mark sur le Kirchheller Heide. Juste en dehors de Bottrop offres un tétraèdre une grand vue panoramique sur le bassin de la Ruhr.

Bereits in der frühen Bronzezeit siedelten hier Menschen. 1161 wird Gladbeck erstmals urkundlich erwähnt. Die Zechen Graf Moltke, Möller, Mathias Stinnes und Zweckel lockten ab 1873 zahlreiche Arbeiter nach Gladbeck, das 1919 die Stadtrechte erhielt. Bereits 1910 baute der Architekt Müller-Jena das Amtshaus im Neo-Renaissance-Stil (im Bild unten rechts). Nach der Zerstörung im 2. Weltkrieg prägen heute moderne Büro- und Geschäftshäuser das Stadtbild. Die Innenstadt bietet sich als Fußgängerzone zum ausgiebigen Schlendern und Einkaufen an.

The area was settled as long ago as the early Bronze Age. The first recorded mention of Gladbeck dates from 1161. Starting in 1873, mining transformed the farming village. The Graf Moltke, Möller, Stinnes and Zweckel pits drew large numbers of workers to Gladbeck, which received town charters in 1919. The architect Mueller-Jena had already built the neo-romanesque adminsitrative building in 1910. After the destruction of Gladbeck in war modern office blocks and business premises now dominate the skyline.

Cet endroit était déjà habité à l'âge du bronze et le hameau de Gladbeck est mentionné pour la première fois en 1161. Le village s'agrandit à partir de 1873 grâce à l'exploitation minière qui attira de nombreux travailleurs. Gladbeck reçut officiellement son droit de ville en 1919. La maison communale, de style néo-Renaissance, avait été érigée dès 1910 par l'architecte Müller-Jena. Aujourd'hui, un ensemble d'immeubles modernes de bureaux et magasins domine le centre ville, presque entièrement détruit durant la Seconde Guerre mondiale.

Beliebter Treffpunkt und Vorzeigeobjekt von Gladbeck ist das Wasserschloss Wittringen, das inmitten einer Freizeitanlage im Wittringer Wald zu finden ist. Die Stadt kaufte das stark sanierungsbedürftige Gebäude 1922 vom Freiherrn von Vittinghoff-Schell. Während Torhaus und Nordflügel noch restauriert werden konnten, wurde der Hauptflügel im Stil der niederrheinischen Renaissance neu gebaut. Das städtische Museum im Schloss zeigt Urnenfunde aus der Bronzezeit.

Wittringen Castle, a moated castle in a recreationd area in the woods is a popular meeting-place and Gladbeck's showpiece. When the city bought the building from Baron von Vittinghoff-Schell in 1922, it was much in need of restoration. While it was possible to restore the gatehouse and the north wing, the main wing was rebuilt in the style of the Niederrhenish Renaissance. The municipal museum collection in the castle includes Bronze Age urns.

Le joyau de Gladbeck est le château de Wittringen qui se dresse au cœur d'un parc boisé. En 1922, la ville racheta l'édifice, pratiquement en ruine, aux barons de Vittinghoff-Schell. Le bâtiment d'entrée et l'aile gauche purent être restaurés, mais le corps de bâtiment principal fut entièrement reconstruit dans le style Renaissance allemande. Le château abrite le musée municipal où sont exposés des objets trouvés dans des tombes de l'âge du bronze.

Es ist ein beeindruckendes Sinnbild für den wirtschaftlichen Kulturwandel im ehemals vom Bergbau und der Schwerindustrie geprägten Ruhrgebiet: das Innovationszentrum Wiesenbusch Gladbeck (IWG), ein Projekt der Stadt Gladbeck und der regionalen Wirtschaft. Die lichtdurchflutete Immobilie bietet auf gut 10.000 Quadratmetern Fläche Raum für die Umsetzung zukunftsweisender Geschäftsideen. Rund 40 junge Unternehmen entwickeln im IWG Innovationen etwa in den Bereichen Software, moderne Energiekonzepte und Elektronik.

The Wiesenbusch Gladbeck Innovation Centre, a project set up by the city of Gladbeck and the region's businesses, is an impressive symbol of the economic transformation that has taken place in the Ruhr Valley, an area previously dominated by mining and heavy industry. The 107,700 square foot, light-flooded building offers plenty of space for the execution of pioneering business ideas. Around 40 young companies develop innovations in such domains as software, modern energy systems and electronics at the Centre.

C'est un symbole de la modification du paysage économique de la Ruhr, ancienne région emblématique de l'industrie minière et de l'industrie lourde : le centre d'innovation Wiesenbusch Gladbeck (IWG), un projet mené conjointement par la ville de Gladbeck et la région. Cet ensemble immobilier baigné de lumière abrite 10 000 m^2 de bureaux dédiés à la mise en place de projets futuristes. Une quarantaine de jeunes entreprises innovantes dans le domaine de l'informatique, de l'énergie et de l'électronique ont déjà choisi l'IWG.

GELSENKIRCHEN ▷

Als eine der ersten Großstädte im Ruhrgebiet erhielt Gelsenkirchen eine Fußgängerzone. Das einzige erhaltene Bauwerk aus der Zeit vor dem 1. Weltkrieg beherbergt heute das Verwaltungsgericht. Kulturelle Highlights der Stadt sind das 1959 errichtete Musiktheater sowie die Philharmonie. Mit dem Wissenschaftspark und seinen eindrucksvollen Glasarkaden geht Gelsenkirchen nicht nur architektonisch einen neuen Weg: Hier werden Zukunftsenergien erforscht und innovative Firmen angesiedelt.

GELSENKIRCHEN

Gelsenkirchen was one of the first cities in the Ruhr area to have a pedestrian zone. The only building that remains of the time before World War I now houses the administrative court. Cultural highlights of the city, are the music theatre built in 1959 and the Philharmonic Orchestra. With the Science Park and its impressive glass arcades, Gelsenkirchen embarks on a new path, but not just architecturally: Future energy sources are researched here and innovative companies make the park their home.

GELSENKIRCHEN

Gelsenkirchen fut une des premières grandes villes de la Ruhr dotée d'une zone piétonnière. L'unique édifice conservé de l'époque antérieure à la Première Guerre mondiale abrite aujourd'hui le tribunal d'administration. Le théâtre érigé en 1959 et la Philharmonie sont les principaux lieux culturels de la ville. Mais Gelsenkirchen a trouvé une nouvelle voie, non seulement avec le parc des Sciences aux arcades en verre d"architecture moderne, mais aussi avec l'implantation de sociétés innovatrices et la recherche d'énergies du futur.

GELSENKIRCHEN △ Technologiezentrum im Wissenschaftspark ▽ Musiktheater im Revier

Hier kämpft der FC Schalke 04 um Tore und Punkte. „Gehsse mit auf Schalke?" heißt es bei den zahlreichen Fans. Allerdings sind die heutigen Stadien nicht mehr rein fußballorientiert – wie auch die Arena auf Schalke sind sie Multifunktionsstadien für Großveranstaltungen jeglicher Art, wahre Tempel an ausgefeilter Technik und Know-how: herausfahrbare Rasenflächen, ein Openair-dach und verschiebbare Tribünen. Sogar bargeldloses Zahlen mit Chipkarte ist möglich. Das große Einzugsgebiet für diese Eventstätte füllt das 61.673 Personen fassende Stadion immer wieder.

This is where the Schalke 04 soccer club competes for goals and points and for club fans "Coming down to Schalke?" makes an irresistible invitation. Today, stadiums like this do not only host soccer matches but are temples of state-of-the-art technology and know-how, serving as multifunctional arenas and hosting mass events of every possible kind. Here you find extendable grass pitches, an open air roof and movable grandstands, while payment by chip card is becoming standard. This outstanding stadium is fully suited to the needs of this unique area.

L'endroit est le domaine de la célèbre équipe de football FC Schalke 04. Toutefois, comme bien d'autres stades à travers le pays, celui de Gelsenkirchen n'est plus uniquement réservé aux matchs de football, mais remplit des fonctions multiples, accueillant entre autres de vastes manifestations tels des concerts. Le stade offre tous les derniers progrès de la technique, jusqu'à des pelouses, des tribunes et un toit mobiles. Une technologie et un stade immense qui répondent aux demandes d'une agglomération à la concentration démographique unique.

Das barocke Wasserschloss Haus Berge (1530) gehört mit seiner gepflegten Parkanlage erst seit 1928 zu Gelsenkirchen. Damals wurde das übervölkerte Gelsenkirchen südlich der Emscher mit der grünen Großstadt Buer im Norden und dem Amt Horst zusammengelegt. Während sich Gelsenkirchen im Zuge des Bergbaus (seit 1840) und der Stahlindustrie zu einer typischen Industriestadt entwickelte, setzte der Kohleabbau in Buer erst 16 Jahre später ein. Die Stadtplaner entwarfen großzügige Siedlungs- und Erholungsflächen.

Haus Berge, a baroque moated palace dating from 1530, and its park have belonged to the city since 1928. That was when Gelsenkirchen, bursting at its seams south of the Emscher, incorporated Buer in the green North and the administrative district of Horst. Whilst Gelsenkirchen developed into a typical industrial city with its coal mining (since 1840) and steel industry, mining did not start in Buer until 16 years later. This meant that city planners had time to adapt to the new situation, creating extensive residential and recreational areas.

Le château baroque de Berge, édifié et transformé entre 1530 et 1780, n'appartient à Gelsenkirchen que depuis 1928. C'est à cette époque que la ville voisine de Buer et le hameau de Horst furent rattachés à Gelsenkirchen qui était surpeuplée. Alors que l'exploitation des mines, à partir de 1840, et la métallurgie faisaient de Gelsenkirchen une ville industrielle typique, Buer ne devint une cité minière que vingt ans plus tard. Cela laissa aux urbanistes assez de temps pour s'adapter à la nouvelle situation et aménager des cités ouvrières agréables et des espaces verts.

GELSENKIRCHEN, Nordsternpark

Im Süden von Gelsenkirchen liegt der Nordsternpark, ein riesiger Freizeitpark auf einem ehemaligen Zechen- und späteren Bundesgartenschaugelände. Eine der Wahrzeichen des Parks ist die Doppelbogenbrücke, die mit einer Spannweite von 110 Metern über die Emscher führt. Den Weg zum Nordsternpark weist unübersehbar der „Herkules von Gelsenkirchen", eine 18 Meter hohe und 23 Tonnen schwere Monumentalstatue. Sie steht in 100 Meter Höhe auf dem Nordsternturm. Von der Panoramaterrasse im 18. Stockwerk geht der Rundumblick der Besucher weit hinaus ins Ruhrgebiet.

GELSENKIRCHEN, Nordsternpark

The Nordsternpark ("North Star Park"), a gigantic park to the south of Gelsenkirchen, lies on a site once used for coal mining and – later on – the Federal Horticultural Show. One of the park's icons is the double-arched bridge with a 360-foot span that crosses the river Emscher. To find the park, just head towards the unmissable "Hercules of Gelsenkirchen", a monumental, 60-foot high, 25-ton statue that stands 328 feet up on the Nordstern tower. Visitors can enjoy a 360-degree view of the Ruhr Valley from the panoramic terrace on the tower's 18th floor.

GELSENKIRCHEN, le Nordsternpark

Edifié sur le site d'une ancienne mine et de l'Exposition Nationale d'Horticulture de Gelsenkirchen, le Nordsternpark est un immense parc de loisirs situé au sud de la ville. Avec une portée de 110 mètres, le pont en arc double, emblème du parc, enjambe l'Emscher dans toute sa splendeur. Trônant fièrement sur le toit de la Nordsternturm à 100 mètres au-dessus du sol, l'imposante statue du « Hercule de Gelsenkirchen », 23 tonnes pour 18 mètres de haut, indique le chemin du parc. Au 18ème étage de la tour, la terrasse panoramique offre aux visiteurs une vue à 360° sur toute la région.

Das Ruhrgebiet ist eine Region der Binnenhäfen. Diese Knotenpunkte der vielen Flüsse und Kanäle, die den Ruhrpott durchziehen, haben eine große wirtschaftliche Bedeutung. Am Rhein-Herne-Kanal liegt der Hafen Gelsenkirchen. Er ist wichtiger Umschlagplatz für Mineralölprodukte und zweitwichtigster Binnenhafen für Getreide in Nordrhein-Westfalen. Das Hafengebiet hat eine Gesamtfläche von 1,2 Millionen, die beiden Hafenbecken haben eine Wasserfläche von 117.800 Quadratmetern. Im Hafen Gelsenkirchen werden jährlich zwei Millionen Tonnen Waren und Güter umgeschlagen.

The Ruhr Valley is a region of inland harbours. These intersections of the Ruhr's many rivers and canals are of great economic importance. Gelsenkirchen harbour lies on the Rhine-Herne Canal. It's a significant transhipment hub for petroleum products and the second most important inland harbour for grain in the state of North Rhine-Westphalia. The harbour complex is 297 acres in size, and the water in the two harbour basins has a total surface area of 1.26 million ft2. Over two million tons of merchandise and goods change hands in Gelsenkirchen harbour each year.

La région de la Ruhr compte un nombre important de ports fluviaux. Les nombreux fleuves et canaux qui traversent la région ont une signification économique de premier ordre. Le port de Gelsenkirchen est situé en bordure du canal Rhin-Herne. C'est un site de transbordement important pour les produits pétroliers et le deuxième port fluvial le plus important pour les céréales en Rhénanie du Nord-Westphalie. La zone portuaire a une superficie totale de 1,2 millions de m^2, dont 117 800 m^2 pour les deux bassins. Deux millions de tonnes de biens et de marchandises transitent chaque année par le port de Gelsenkirchen.

Postbank
SIEMENS

Von der Arbeiterstadt zur Dienstleistungsmetropole: Die Bürotürme international operierender Industrieunternehmen prägen das Stadtbild. Auf alten Industriebrachen entstanden moderne, citynahe Büro- und Verwaltungsgebäude. Ein immenser Kraftakt, stellt man sich vor, dass die Stahlindustrie der Krupp-Dynastie und der Bergbau die Stadt mehr als 100 Jahre lang entscheidend mitgeprägt haben. Auch kulturell mischt die Stadt, durch das 1988 fertiggestellte Opernhaus des finnischen Star-Architekten Alvar Aalto, kräftig mit.

Out of a city of labourers a metropolis of the service industry has grown. The high-rise office buildings of multinationals now dominate the skyline. Former industrial wastelands are now the site of valuable administration complexes close to the city centre. An immense achievement when you consider that the steel industry of the Krupp era and mining determined the course of the city's development for more than 100 years. The new opera house, designed by the Finnish architect Alvar Aalto and completed in 1988, is a sign that the city is also very much on the cultural map.

Une ville ouvrière est devenue une métropole de l'économie et du secteur tertiaire. Les grandes tours des sociétés internationales marquent la physionomie de la ville. D'impressionnants édifices abritant diverses administrations ont remplacé les anciennes usines. Ce changement représente un tour de force peu ordinaire quand on se rappelle qu'Essen a vécu de l'industrie de l'acier et de l'exploitation minière pendant un siècle. La ville a également une vie culturelle intense, notamment depuis l'inauguration de l'opéra en 1988, œuvre du célèbre architecte finnois, Alvar Aalto.

Wie schön eine Industriehalle sein kann, sieht man an der neuen Zweckbestimmung und denkmalgerechten Restaurierung der alten Jugendstilhalle, in der sich heute das Musical-Theater Colosseum befindet (im Bild rechts). Die alten Elemente wurden mit neuester Technik und stimmungsvoller Ausstattung angemessen in Szene gesetzt und geben den verschiedensten Events einen stilvollen Rahmen. Der Namensgeber des Colosseums war der seinerzeit begehrte Kulturpalast von 1899 bis 1919; ihm steht das heutige Theater in nichts nach.

An example of how to convert a disused factory into a fine building can be seen here in the purposeful and authentic restoration of the Art Nouveau factory that now houses the Colosseum Musical Theatre (in the picture on the right). With the aid of the latest technology and atmospheric design the hall's old features have gained agreeable new prominence, and now provide a stylish backdrop for the theatre's various events. The Colosseum is a worthy successor to the popular Palace of Culture, which existed in Essen from 1899 to 1919.

Le Colosseum (à droite) est la preuve tangible d'une réhabilitation réussie : l'ancien bâtiment industriel construit dans le style Art nouveau, et monument protégé, a été magnifiquement restauré. Les éléments d'époque, associés aux techniques les plus innovatrices et à un superbe aménagement intérieur forment un cadre parfait pour les spectacles les plus divers, notamment des music-halls. Le nouveau music-hall a repris le nom et la notoriété du premier Colosseum, une splendide salle de théâtre inaugurée en 1899, qui n'existe plus aujourd'hui.

In Essen findet man die unterschiedlichsten Variationen der Architektur und Stadtgestaltung. Jeder, der an moderner Architektur aus dem 20. und 21. Jahrhundert interessiert ist, findet hier sicherlich ein Lieblingsobjekt. Natürlich ist nicht alles jedermanns Geschmack, dafür gibt es des Weiteren die grünen Oasen, die das Auge zur Ruhe kommen lassen, oder die kulturellen Tempel, um dem Intellekt gerecht zu werden. Der Industrielle Friedrich Grillo ermöglichte den Bau des neoklassizistischen Theaters im Jahre 1892. Damit ist das Grillo-Theater eines der ältesten Theater der Metropole Ruhr.

Many diverse variations of architecture and city design can be found in Essen. Anyone interested in modern architecture from the 20th and 21st century will surely find a favourite building here. Of course, Essen also has plenty to offer for those less interested in architecture, for example the green oases that are calming to the eye or the cultural temples to satisfy intellectual needs. The construction of the neoclassical theatre was made possible by industrialist Friedrich Grillo in the year 1892. Thus, the Grillo Theatre is one of the oldest theatres in the Ruhr metropolis.

Essen présente diverses facettes d'urbanisme et architecturales créées aux XXe et XXIe siècles. Quiconque s'intéresse à l'architecture moderne aura ses édifices ou ses endroits préférés, que ce soit entre autres le centre Gildehof ou la place sur la Varnhorststrasse (images). Par contre, le Stadtgarten, (parc municipal), une des oasis de verdure de la ville, fait l'unanimité. L'industriel Friedrich Grillo sponsorisa la construction du théâtre de style néoclassique, réalisée en 1892. Le théâtre Grillo est ainsi l'une des plus anciennes salles de spectacles de la métropole de la Ruhr.

△ Platz an der Varnhorststraße ▽

△ Stadtgarten

▽ Grillo-Theater – Schauspielhaus

Einen märchenhaften Anblick haben Besucher des Essener Grugaparks von der Brücke zwischen Orangerie und Botanischem Garten: An der Adresse „Unterm Sternenzelt 1" steht das Hundertwasserhaus, die letzte Arbeit des österreichischen Künstlers Friedensreich Hundertwasser. Das Hundertwasserhaus der Mc Donald's Kinderhilfe Stiftung bietet ein Zuhause auf Zeit. Hier können sie ihren Kindern während der Behandlungsphase im benachbarten Universitäts-Klinikum nah sein. Einmal wöchentlich steht das Haus Besuchern in Führungen offen.

If you stand on the bridge between the Orangery and the Botanical Garden in Essen's Grugapark, you'll get to enjoy a fairy-tale view of the "Hundertwasser House", the last work by Austrian artist Friedensreich Hundertwasser. Located at a wonderful address – Unterm Sternenzelt 1 ("1 Under a Canopy of Stars") – the building is owned by the Mc Donald's House Charity and offers temporary accommodation to severely ill children and their families while they recover from treatment at the nearby University Hospital. The house is opened up for tours once a week.

Depuis le pont qui relie l'orangerie au jardin botanique, les visiteurs du Grugapark à Essen découvrent un château digne d'un conte de fée : la Hundertwasserhaus, dernier ouvrage de l'artiste autrichien Friedensreich Hundertwasser. Appartenant à la fondation Ronald McDonald's, le bâtiment offre un hébergement provisoire aux enfants gravement malades et à leurs familles. Tous peuvent venir se reposer ici entre deux traitements à la clinique universitaire voisine. Ouverte au public une fois par semaine, la maison peut se visiter.

Nach zweijähriger Umbauzeit wurde 2004 die Philharmonie Essen im traditionsreichen Saalbau eröffnet. Der mit modernster Technik ausgestattete Konzertsaal bietet rund 2000 Besuchern Platz. Die Philharmonie liegt im Essener Stadtgarten in unmittelbarer Nähe des Aalto-Musiktheaters und bildet zusammen mit dem eindrucksvollen Opernhaus des finnischen Stararchitekten den kulturellen Mittelpunkt der Stadt. Das hochkarätige Programm der Philharmonie lockt jedes Jahr tausende Besucher in den größten Konzertsaal des Ruhrgebiets.

After a two-year renovation period, the Essen Philharmonic Concert Hall was reopened in 2004 in the tradition-steeped Saalbau building. The concert hall is equipped with state-of-the-art technology and can accommodate approximately 2,000 guests. It is located in Essen's city park in close vicinity to the Aalto Theatre and, along with the impressive opera house designed by the Finnish star architect, represents the cultural hub of the city. The top-class programme of the Philharmonic Orchestra attracts thousands of guests each year to the largest concert hall of the Ruhr area.

Après deux années de transformations, la Philharmonie d'Essen a été inaugurée en 2004. Dotée des techniques les plus modernes, la salle de concert, de forme traditionnelle, peut accueillir quelque 2 000 spectateurs. La Philharmonie est située dans le Stadtgarten, parc municipal d'Essen, juste à côté de l'opéra Aalto-Theater, nommé d'après le célèbre architecte finlandais qui conçut l'édifice remarquable. Avec l'opéra, elle constitue le cœur culturel de la ville. Chaque année, le programme de grande classe de la Philharmonie attire des milliers de spectateurs dans la plus grande salle de concerts du bassin de la Ruhr.

ESSEN, Zeche Zollverein

Auf der Zeche Zollverein lohnt sich nicht nur der Blick in die Industriegeschichte, längst hat sich der Zollverein auch als Kultur- und Kreativzentrum einen Namen gemacht. Eindrucksvoll präsentiert sich das vom englischen Stararchitekten Norman Foster umgebaute ehemalige Kesselhaus heute als Sitz des Designmuseums. Auf 4.000 Quadratmetern stellt das Design-Zentrum Nordrhein Westfalen hier mehr als 1.000 ausgezeichnete Exponate zeitgenössischen Produktdesigns aus. Gezeigt werden Gegenstände des täglichen Gebrauchs wie Bestecke, Möbel oder Küchenarmaturen.

ESSEN, Zeche Zollverein

Taking a glimpse into industrial history at the Zollverein coal mine is not the only worthwhile activity here. The Zollverein has long been established as a cultural and creative centre, too. The former boiler house, converted by English star architect Norman Foster, boasts an impressive appearance today as the home of the design museum. Here, the North Rhine-Westphalia Design Centre displays more than 1,000 excellent exhibits of contemporary product design on an area of 4,000 square metres. It features items of daily use such as silverware, furniture and kitchen fittings.

ESSEN, Zeche Zollverein

L'ancienne mine Zollverein ne montre pas seulement une page de l'histoire de l'industrie. Il y a longtemps qu'elle s'est établie comme centre artistique et culturel. Transformée par Norman Ffors ter, le célèbre architecte anglais, la chaufferie abrite aujourd'hui le musée du Design. Sur quelque 4 000 mètres carrés, le Centre du design de la Rhénanie-du-Nord-Westphalie expose plus de 1 000 objets de design contemporain. On peut y admirer toutes sortes de créations, dont des articles de la vie quotidienne, tels que couverts, meubles, ou encore robinetteries de cuisine et salle de bains.

Zeche Zollverein, Restaurant

Wo früher Maschinen richtig viel Dampf erzeugten, sorgt jetzt ein Kronleuchter für die festliche Atmosphäre beim Dinieren. In der ehemaligen Kompressorenhalle der Zeche kommen nicht nur Feinschmecker auf ihre Kosten, im Casino Zollverein findet sich auch die Bergmannsküche auf der Karte wieder. Gespeist wird in der sechs Meter großen Halle an Holztischen auf Eichendielen. Der modern gestaltete Barbereich mit Lounge lädt zum Aperitif ein. Über dem Restaurant liegt eine 12 Meter hohe Industriehalle – der ideale Ort für Bankette und Konzerte.

Zollverein coal mine, restaurant

Where machines produced lots of steam in the past, a chandelier now provides a festive atmosphere for dining. Not only epicures will enjoy the culinary offerings in the former compressor hall of the coal mine. The menu at Casino Zollverein also features miner's cuisine. Guests dine at wooden tables on oak floorboards in the six-metre-high hall. The bar area with its modern design and lounge entices guests to enjoy an aperitif. Above the restaurant, an industrial hall with a twelve-metre-high ceiling provides an ideal place for banquets and concerts.

Mine Zollverein, Restaurant

Là où autrefois, les machines émettaient des jets de vapeur, un immense lustre apporte une ambiance festive dans l'ancienne salle des compresseurs de la mine, haute de six mètres. Assis autour de tables en bois, dans un décor rustique, les gourmets et gourmands trouveront sur la carte des plats gastronomiques, mais aussi la cuisine typique des mineurs de la Ruhr. Un bar à l'aménagement moderne avec un coin-salon invite à prendre l'apéritif. Au-dessus du restaurant, s'étend un hall industriel d'une hauteur de douze mètres, une salle idéale pour les banquets et les concerts.

Die 1906/1907 erbaute Pfarrkirche gehört zu einer der wenigen Jugendstil-Kirchen Deutschlands. Als die katholische Gemeinde in der alten Stiftskirche um die Wende zum 20. Jahrhundert auf Grund der stetig wachsenden Zahl der Gemeindemitglieder aus allen Nähten platzte, beauftragte man den Architekten Carl Moritz mit dem Neubau. Er verzichtete auf den damals im Ruhrgebiet typischen roten Ziegel und verwendete stattdessen einen Rotsandstein, der die Kirche bis heute zu einem außergewöhnlichen Blickfang in Essen-Stoppenberg macht.

The parish church built in 1906/1907 is one of the few art nouveau churches in Germany. When the Catholic congregation at the old Stiftskirche (collegiate church) was bursting at the seams at the turn of the 20th century as a result of the steadily growing number of parishioners, the architect Carl Moritz was commissioned with the new building. He forwent the red brick typically used in the Ruhr area at that time and used red sandstone instead, which makes the church a remarkable eye-catcher in Essen-Stoppenberg to this day.

Bâtie de 1906 à 1907, l'église paroissiale Saint-Nicolas est l'un des rares édifices religieux de style Art nouveau d'Allemagne. Lorsqu'au tournant du XXe siècle, la vieille collégiale devint trop petite pour contenir la communauté catholique qui ne cessait de s'agrandir, on demanda à l'architecte Carl Moritz de bâtir une nouvelle église. Ce dernier décida de ne pas utiliser les briques rouges, typiques des constructions du bassin de la Ruhr à l'époque, mais de choisir un grès rouge. Jusqu'à aujourd'hui, son aspect et son style font de Saint-Nicolas un édifice unique, à visiter dans le quartier de Essen-Stoppenberg.

Dort, wo heute Jogger und Spaziergänger ihre Runden drehen, wandelten früher die Fürstäbtissinnen. Das Wasserschloss Borbeck liegt in einer grünen Oase im Nordwesten der Stadt. Die Fürstäbtissinnen von Essen hatten es seit 1273 in ihrem Besitz und nutzten es bis 1802 als Sommerhaus. Heute dient das Schloss als Schlemmerparadies und Kulturtempel für zeitgenössische Kunst. Kunst der Neuzeit findet man auch im Museum Folkwang, im Deutschen Plakat-Museum und im Design Zentrum NRW in Essen.

Prince-abbesses once strolled where joggers and walkers do their circuits today. Borbeck palace is a moated palace set in a green oasis in the northwestern part of the city. The prince-abbesses owned it from 1273 on and used it as a summer seat up to 1802. Today, the palace is used for cultural and community purposes. Essen has plenty to offer in the way of culture. Museum Folkwang houses a popular collection of 19th and 20th century European art. The German Poster Museum is also located in Essen, as is the Northrhine Westfalian Design Centre.

Les abbesses nobles du couvent d'Essen flânaient autrefois sur les chemins où joggeurs et promeneurs se croisent aujourd'hui. Le château entouré de douves de Borbeck se dresse au nord-ouest de la ville. Les abbesses le possédaient depuis 1227 et l'utilisèrent comme résidence d'été jusqu'en 1802. Le château est aujourd'hui un centre culturel. Essen a beaucoup à offrir en matière de culture: entre autres, le musée Folkwang, réputé pour ses collections d'art européen des XIXe et XXe siècles, le musée national des Affiches et le Centre régional du design.

Die Mülheimer lieben ihre Stadt. Schloss- und Leineweberstraße sind frequentierte Einkaufsstraßen in der City. Die eindrucksvolle Stadthalle (1923-1925) aus Muschelkalk in der Bildmitte ist Spielstätte des Theaters an der Ruhr mit dem Intendanten Roberto Ciulli. Die Mülheimer Theatertage – jedes Jahr im Mai – haben sich längst einen Namen gemacht. Direkt vis-a-vis liegt das liebevoll restaurierte Schloss Broich, es gilt als eine der besterhaltenen karolingischen Befestigungsanlagen Westeuropas. Sie diente bereits im 9. Jahrhundert am linken Ruhrufer zur Sicherung des Hellwegs gegen die Wikinger.

The inhabitants of Mülheim love their city. Schlossstrasse and Leineweberstrasse (Linen Weaver Street) are busy shopping streets in the centre. The impressive city hall (1926) made of shell lime is the home of the Theatre on the Ruhr with its artistic director Roberto Ciulli. The annual Mülheim Theatre Festival in May has established a fine reputation. Opposite the lovingly restored Broich Castle there is one of the best preserved Carolingian fortifications in Western Europe. As early as the 9th century it helped to secure the Hellweg from the Vikings, which it crossed here at a ford.

Les habitants de Mülheim adorent leur ville et les rues commerçantes « Schlossstrasse » et « Leineweberstrasse » sont toujours très animées. Le théâtre impressionnant, construit en calcaire conchylien (1926), abrite la compagnie du « Théâtre de la Ruhr », dirigée par Roberto Ciulli. Les « Journées théâtrales de Mülheim » qui se déroulent tous les ans en mai, ont une réputation internationale. En face admirablement rénové, le château de Broich, sur la rive gauche de la Ruhr, est un des forts carolingiens les mieux conservés d'Europe.

Kleine Läden, Cafés und Lokale laden in den idyllischen Fachwerkhäusern in der Altstadt Mülheims zum Bummeln und Verweilen ein. Hier lebte der Mystiker Gerhard Tersteegen (1697-1769), der protestantische Kirchenlieder schrieb. Im Tersteegenhaus findet man heute das Heimatmuseum und Informationen über das Leben in der Stadt an der Ruhr im 18. und 19. Jahrhundert. Die benachbarte St. Petrikirche wurde vermutlich im 12. Jahrhundert erbaut. Rund um den Kirchenhügel soll Mülheim als Zentrum für die benachbarten Höfe entstanden sein.

Small shops, cafés and pubs are an invitation to stroll and tarry among the idyllic timbered houses of the Old Town. The mystic Gerhard Tersteegen (1697-1769) lived here, a composer of Protestant hymns. You can find out about life in Mülheim during the 18th and 19th centuries in the local history museum in the Teerstegen building. The nearby Church of St Peter presumaldy was built in the 12th century. Mülheim developed around the church hill.

Boutiques, cafés et restaurants invitent à la flânerie et à la détente dans les vieux quartiers de Mülheim, aux pittoresques maisons à colombages. C'est ici que vécut le mystique Gerhard Tersteegen (1697-1769), auteur de cantiques protestants. Sa maison natale abrite aujourd'hui le musée régional qui donne un aperçu de la vie dans la vallée de la Ruhr entre les XVIIIe et XIXe siècles. L'église Saint-Pierre avoisinante date du XIIe siècle. Mentionnée pour la première fois en 1093, Mülheim était une petite bourgade, fondée pour donner une place de marché aux paysans.

Mülheim a. d. Ruhr, Aquarius Museum

500.000 Liter Wasser wurden früher im Wasserturm in Mülheim-Styrum gespeichert, heute beherbergt der über 120 Jahre alte Turm das Aquarius Wassermuseum. Auf 14 Ebenen erfahren die Besucher alles Wissenswerte rund um das Thema Wasser – multimedial aufbereitet. Dazu gehören auch die Wassergewinnung, der Brunnen- und Kanalbau und die technischen Fortschritte der Wasserversorgung. Zwei gläserne Aufzüge bringen die Gäste auf den Panoramakranz des 50 Meter hohen Turms, von wo aus sie eine phantastische Aussicht auf das Ruhrgebiet genießen können.

Mülheim (Ruhr), Water Museum

In former times, 500,000 litres of water were stored in the water tower in Mülheim-Styrum. Today, the more than 120-year-old tower houses the Aquarius Water Museum. On 14 levels, visitors can learn countless interesting facts about the topic of water – all presented in a multimedial way. This also includes water production, well and sewer construction and the technical progress regarding water supply. Two glass lifts take visitors to the enclosed observation deck which crowns the 50-metre-high tower and offers a fantastic panoramic view of the Ruhr area.

Mülheim sur la Ruhr, musée de l'Eau

Le château d'eau de Mülheim-Styrum contenait autrefois 500 000 litres d'eau ; aujourd'hui, l'édifice vieux de plus d'un siècle abrite le musée appelé Aquarius Wassermuseum. Tout ce qu'il faut savoir sur l'eau est présenté aux visiteurs sur 14 niveaux, par le biais de divers supports médiatiques. On y apprend entre autres la provenance de l'eau, la construction de fontaines et canaux et les progrès techniques de l'alimentation en eau. Deux ascenseurs en verre conduisent les visiteurs au sommet de la tour haute de 50 mètres. Une vue imprenable sur le bassin de la Ruhr s'offre depuis la terrasse circulaire panoramique.

ESSEN-KETTWIG

Verwinkelte Gassen, hübsche Fachwerkhäuser, ein kleiner liebevoll restaurierter Stadtkern: Schmuck präsentiert sich das kleine Kettwig. Direkt an der Ruhr gelegen ist es seit 1975 ein Stadtteil von Essen. Sehenswert ist die evangelische Kirche am Markt mit dem Kirchturm aus dem 13. Jahrhundert. Die Pfarrkirche St. Peter wurde von Baumeisters Karl Friedrich Schinkel erbaut. Erstmals im 15. Jahrhundert erwähnt, prägte die Tuchmacherei lange die Gemeinde. Heute ist Kettwig als attraktives Ausflugsziel bis weit über die Grenzen Essens hinaus bekannt.

Essen-Kettwig

Crooked lanes, prettily timbered houses, a lovingly restored little town centre: Kettwig is a charming and attractive little place. Right on the banks of the Ruhr, Kettwig has been a suburb of Essen since 1975 – something many inhabitants still have not come to terms with. The 14th century church tower is a fine sight, as is the Protestant Market Church. The architect Karl Friedrich Schinkel built the parish church St Peter. Textile weaving (first recorded mention in the 15th) was predominant for a long time . Today, Kettwig is popular with visitors well beyond the bounds of Essen.

Essen-Kettwig

Restauré avec amour, le vieux quartier de Kettwig présente un dédale de ruelles bordées de jolies maisons à pans de bois. L'ancienne bourgade, nichée sur une rive de la Ruhr, est rattachée à Essen depuis 1975. Elle possède un beau clocher du XIIIe siècle et une église à la construction de laquelle a participé le célèbre maître d'œuvre Carl Friedrich Schinkel. Mentionnée pour la première fois en XVe, Kettwig a connu la prospérité grâce à la draperie. Ce faubourg pittoresque est aujourd'hui un but d'excursion connu et apprécié bien au-delà des frontières d'Essen.

Inmitten eines idyllischen Schlossparks liegt das Wasserschloss Hugenpoet. Urkundlich erwähnt wurde Hugenpoet als Königsgut bereits 778, doch das heutige Schloss stammt aus dem Jahr 1696 und wurde im 19. Jahrhundert im Stil der Neorenaissance ausgebaut und modernisiert. Bemerkenswert sind drei Renaissance-Kamine im Innern sowie das freistehende Portal in der Eingangshalle. Das von zwei mächtigen Türmen flankierte Herrenhaus steht seit 1985 unter Denkmalschutz und beherbergt heute als Schlosshotel und Restaurant Gäste aus dem In- und Ausland.

Hugenpoet Palace is a moated palace beautifully nestled in an idyllic palace garden. Hugenpoet was mentioned in records as a royal manor as early as 778, but today's palace originated in 1696 and was restored and modernised in the 19th century in Neo-Renaissance style. Three Renaissance fireplaces in the interior are particularly noteworthy, as is the freestanding portal in the foyer. The manor, flanked by two mighty towers, has been listed as a historic building since 1985. Today, it accommodates guests from Germany and abroad as a palace hotel and restaurant.

Entouré de douves, le château de Hugenpoet se dresse au cœur d'un parc idyllique. Mentionné pour la première fois en 778 comme résidence royale, le château dans sa forme actuelle date cependant de 1696 et fut restauré dans le style néo-Renaissance au XIXe siècle. Le portail du hall d'entrée et les trois cheminées Renaissance à l'intérieur sont remarquables. Le superbe édifice flanqué de deux tours imposantes est monument protégé depuis 1985. Doté de tout le confort moderne, il est aujourd'hui un hôtel-restaurant de charme fréquenté par une clientèle nationale et internationale.

Die Folkwang-Studenten residieren in geschichtsträchtigen Räumen: Abt Bernhard II. baute Ende des 18. Jahrhunderts seine fürstliche Residenz neben der alten Abtei. Der Bau der Abtei wurde bereits 796 begonnen, als der friesische Missionar Liudger „auf dem Werd" Grundbesitz für ein Benediktinerkloster erwarb. — Den im Süden Essens gelegenen Stadtteil Heisingen umrundet die Ruhr in einer weiten Schleife, bevor der Fluss dann in den lang gestreckten Baldeneysee übergeht. In den Heisinger Ruhrauen lohnt die alte Wassermühle und Schleuse Rote Mühle einen Ausflug.

The students' residence at Folkwang is a historically important building. Abbot Bernhard II built his princely residence next to the old abbey at the end of the 18th century. The abbey itself dates right back to 796, when the Friesian missionary Liudger bought property for a Benedictine monastery "on the Werd". — The Ruhr river flows in a broad loop round the district of Heisingen to the south of Essen before flowing into the elongated Lake Baldeney. It's worth visiting the old water mill and sluice at the Rote Mühle ("Red Mill") on the Heisingen floodplains.

Les étudiants du conservatoire Folkwang résident dans un cadre chargé d'histoire L'abbé Bernhard II fit bâtir sa demeure princière à côté de la vieille abbaye à la fin du XVIIIe siècle. L'origine de l'abbaye remonte à 804 lorsque le missionnaire frison Liudger fonda un monastère de bénédictins en 796. — Situé au sud d'Essen, le quartier de Heisingen suit le cours de la Ruhr qui dessine une boucle, avant de traverser le lac de Baldeney. Autour de Heisingen, l'ancien moulin à eau et l'écluse du moulin rouge valent le détour.

Seinen Namen hat der von 1931 bis 1933 aufgestaute See vom gleichnamigen Schloss aus dem 13. Jahrhundert am Nordufer. Vom Baldeneysee aus erreicht man auf Waldwegen die Ruinen der Isenburg in Heisingen. Ein kürzerer Spaziergang führt durch den Hügelpark zur oberhalb des Sees liegenden Villa Hügel. Alfred Krupp ließ das Gebäude 1870-1873 im klassizistischen Stil errichten. Der Wohnsitz für seine Familie umfasste 269 Zimmer. Heute locken weit beachtete Kunstausstellungen und Konzerte viele interessierte Besucher in die stilvollen Räume.

The artificial lake, created in 1931-33, took its name from the 13th century palace on its northern shore. From Baldeney Lake you can also walk through the woods to the ruins of the Isenburg in Heisingen. A shorter walk leads through Hügelpark to Villa Hügel, situated above the lake. Alfred Krupp had the villa built in 1870-1873 in the style of classicism. There are 269 rooms intended for the family's use. Of course he also used the building for official company functions. Nowadays art exhibitions of considerable note grace the fine rooms.

La lac de barrage, aménagé de 1931 à 1933, porte le nom d'un château du XIIIe siècle qui se dresse sur la rive nord. Depuis le lac et en traversant la forêt, on arrive aux vestiges du château d'Isenburg à Heisingen. Une promenade plus courte emmène à la villa Hügel qui domine le lac. Alfred Krupp fit construire l'édifice de style néoclassique, entouré d'un vaste parc, en 1870-1873. L'ancienne résidence familiale du grand industriel qui comprend 269 pièces, est aujourd'hui un centre culturel et sert à des expositions d'art qui attirent des milliers de visiteurs.

Segler, Surfer, Ruderer und Paddler kommen auf dem Baldeneysee auf ihre Kosten, während Spaziergänger, Rollerblader, Jogger und Radfahrer auf den Wegen rund um den See unterwegs sind. Beliebter Treffpunkt ist die Tribüne am Regattaturm. Hier treffen sich viele Essener, um von hier aus um den See zu laufen oder einfach ein Eis zu schlecken und den Ausblick auf den See zu genießen. Der Treffpunkt ist sowohl per S-Bahn als auch mit dem Auto gut zu erreichen, nur die Parkplätze werden an sonnigen Sommertagen knapp.

Baldeney Lake provides the perfect playground for yachtsmen, surfers, rowers and paddlers while the paths leading around the lake are enjoyed by walkers, inline skaters, joggers and bicyclists. The stands at the regatta tower are a popular meeting place. Many Essen residents meet here to walk around the lake or to simply have some ice cream and enjoy the view over the water. The meeting place can be reached easily via commuter train (S-Bahn) as well as by car, but parking spaces can be scarce on sunny summer days.

Sportifs de la voile ou de l'aviron, surfeurs et amateurs de pédalos se croisent sur le lac tandis que les promeneurs, les joggeurs, les cyclistes et les roller-skaters se partagent les rives verdoyantes. Les tribunes de la tour des régates sont un point de rencontre populaire. Les habitants d'Essen s'y retrouvent lors des compétitions nautiques ou juste pour y manger une glace, boire un verre en jouissant de la vue sur le lac. L'endroit est facilement accessible par transports publics ou en voiture. Toutefois, en été, quand il fait beau, il peut être ardu de trouver une place de parking.

ESSEN, Segeln auf dem Baldeneysee

Der Baldeneysee ist der größte der sechs Stauseen der Ruhr. Die Wasserfläche von mehr als 2,6 Quadratkilometern nutzen rund 25 Segelvereine als Segelrevier. Hier können Interessenten beispielsweise ihren Segelschein machen und ihrem Wassersport frönen. Jedes Jahr finden auf dem Gewässer zahlreiche Regatten statt, darunter auch spannende Wettbewerbe für den Segelnachwuchs. Auf dem Baldeneysee gibt es auch eine eigene Regattastrecke für den Ruder- und Kanurennsport. Im Landesleistungszentrum für den Kanurennsport trainieren viele Olympiasieger und Weltmeister.

ESSEN, Sailing on Lake Baldeney

Lake Baldeney is the largest of the Ruhr's six reservoirs. The square mile of water here is used by around 25 sailing clubs. Boating fans can get involved with such activities as passing their sailing licences and indulging in various watery pastimes. Numerous regattas take place on the water every single year, including exciting competitions for up-and-coming young sailors. Lake Baldeney also boasts a dedicated regatta route for competitive rowers and canoeists. A number of Olympic and World Champions train at the National Centre for Canoe Racing Excellence.

ESSEN, voile sur le lac de Baldeney

Le lac de Baldeney est le plus grand des six lacs de barrage de la Ruhr. 25 clubs de voile se partagent les 2,6 km² que forme la surface du plan d'eau. Les adeptes du genre peuvent profiter d'un séjour dans la région pour passer leur brevet de navigation ou s'adonner à leur sport nautique favori. De nombreuses régates se déroulent chaque année sur le lac. Des compétitions sont également organisées pour les plus jeunes. Sur le lac de Baldeney, il y a aussi des espaces réservés aux courses d'aviron et de kayak. De nombreux champions olympiques et champions du monde de kayak viennent ici pour s'entraîner.

Mit der „Weißen Flotte" lassen sich jedes Jahr vom Frühjahr bis in den Oktober hinein zahlreiche Passagiere über den Baldeneysee schippern. Wer möchte, kann zwischendurch aussteigen, um sich eine der vielen Sehenswürdigkeiten anzusehen, wie zum Beispiel die Villa Hügel. Viele Passagiere nutzen das Schiff, um ihren Rundgang um den See abzukürzen. Außerdem geht es mit der „Weißen Flotte" durch eine Schleuse die Ruhr entlang von Kupferdreh bis zum Wasserbahnhof Mülheim – eine lohnenswerte Fahrt durch das idyllische Ruhrtal.

Each year from spring into October, the "Weisse Flotte" ferries numerous passengers around Baldeney Lake. Those who wish to do so can disembark at any of the landing places in between to see one of the many sights such as Villa Hügel. Many passengers use the ship to shorten their walk around the lake. Additionally, the "Weisse Flotte" also travels through a lock and along the Ruhr from Kupferdreh to Wasserbahnhof Mülheim – a worthwhile trip through the idyllic Ruhr Valley.

Du printemps à l'automne, la « Flotte blanche de Baldeney » transporte des milliers de passagers sur le lac. On peut au choix accoster aux divers appontements pour visiter les nombreux sites intéressants sur les rives, tels que la Villa Hügel, ou y prendre le bateau pour raccourcir la durée des randonnées autour du lac. Par ailleurs, des excursions de la Flotte blanche emmènent sur la Ruhr par une écluse, le long de Kupferdreh jusqu'au petit port de Mülheim – une superbe mini-croisière à travers les paysages idylliques de la vallée de la Ruhr.

Ob Sportler und Musikliebhaber: Der See bietet für jeden Geschmack etwas. Hobby-Segler messen in verschiedenen Segel-Regatten ihr Können oder legen nach dem Törn gern in kleinen Häfen wie im Haus Scheppen an. Für Kulturinteressierte spielen die Essener Philharmoniker auf einer Seebühne am Regattaturm auf. Wer es etwas lässiger mag, der ist im benachbarten Beach Club Baldeney richtig: Liegestühle auf weißem Sand laden hier mit Blick auf den See so richtig zum Entspannen ein. Und der ein oder andere Musiker sorgt für die richtige Unterhaltung.

Whether you are an athlete or music lover, the lake offers something for any taste. Hobby sailors put their skills to the test in various sailing regattas and also like to dock in small ports such as Haus Scheppen after a sailing trip. The Essen Philharmonic Orchestra delighted culture lovers with its performance on a lakeside stage at the regatta tower. For those who like things a bit more casual, the neighbouring Beach Club Baldeney is just right: Here, deck chairs on white sand beckon guests to simply relax and enjoy the view of the lake while musicians provide perfect entertainment.

Sport et musique : le lac offre des plaisirs pour tous les goûts. Les amateurs de voile se mesurent dans diverses régates, à moins qu'après une sortie sur l'eau, ils n'accostent un des petits ports pittoresques, comme celui de Haus Scheppen. Les amateurs de culture viennent écouter des concerts près de la tour des régates (la photo montre la Philharmonie d'Essen sur la scène flottante). Juste à côté, le Beach Club Baldeney est l'endroit favori des amateurs de farniente : sur la plage de sable, des transats invitent à la détente et à la contemplation du lac, interrompue de temps à autre par des musiciens.

ANNO 1576
VELTINS

 HATTINGEN, Wasserburg Haus Kemnade / Haus Kemnade moated castle / Château de Kemnade

Ein Museum in idyllischer Atmosphäre: In der Wasserburg Haus Kemnade hat die Stadt Bochum ihre stadthistorische Sammlung und die Musikinstrumentensammlung Hans Grumbt untergebracht. Die Wasserburg entstand im 11. Jahrhundert. Nach einem Brand wurde das Bauwerk unter Verwendung der alten Bausubstanz 1704 neu errichtet. Den Hauptbau flankieren zwei ungleiche Türme. Im Innern sind die Stuckdecke des Rittersaals, vier Gobelins aus Tournai und der Kamin mit Renaissance-Wappen sehenswert. Beliebt ist auch das Restaurant in der Burg.

A museum in an idyllic setting: The moated castle Haus Kemnade houses Bochum's history museum and Hans Grumbt's collection of musical instruments. The castle dates from the 11th century. It was rebuilt in 1704 after a fire, incorporating what remained of the old fabric. It lies within the bounds of Hattingen but belongs to Bochum. The main building is flanked by two unequal towers. Of particular note in the interior are the stucco ceilings in the knights' hall, four gobelins from Tournai and the fireplace with Renaissance coats of arms. The restaurant is also very popular.

Un musée dans une atmosphère idyllique : Bochum a logé ses collections historiques et la collection d'instruments de musique de Hans Grumbt dans le château de Kemnade. L'origine de l'édifice entouré de douves remonte au XIe siècle. Après un incendie, il fut reconstruit dans sa forme actuelle en 1704. Deux tours dissemblables flanquent le corps de bâtiment principal. À voir à l'intérieur : le plafond orné de stucs de la salle des chevaliers, quatre gobelins de Tournai et une cheminée de style Renaissance. Le château abrite également un restaurant très agréable.

HATTINGEN

Neben der Land- und Forstwirtschaft dient das Hattinger Hügelland auch als Naherholungsgebiet für das Ruhrgebiet. Von Bochum, Essen oder Wuppertal aus ist es schnell zu erreichen und bietet eine Fülle von wunderschönen Wanderwegen quer durch Felder, Wälder und Wiesen. 2003 wurde der 220 Kilometer lange Westfalen-Wanderweg eröffnet, der Hattingen im westlichen Teil Westfalens mit Altenbeken am Ostrand Westfalens verbindet. Als beliebter Treffpunkt für Wanderungen gilt der südlich von Hattingen gelegene Bergerhof aus dem Jahre 1482.

HATTINGEN

In addition to agriculture and forestry, the Hattingen hill country also serves as a local recreation area for the Ruhr region. It is quickly accessible from Bochum, Essen or Wuppertal and offers an abundance of gorgeous hiking trails across fields, woods and meadows. In 2003, the 220-kilometre-long Westphalia Hiking Trail was opened. It connects Hattingen in the western part of Westphalia with Altenbeken at the eastern edge of Westphalia. The Bergerhof south of Hattingen dates back to 1482 and is considered a popular meeting place for hikers.

HATTINGEN

Région d'agriculture et d'exploitation forestière, le Hattinger Hügelland est également une vaste aire de loisirs dans le bassin de la Ruhr, rapidement accessible à partir de Bochum, Essen ou Wuppertal. Cette contrée offre tout un réseau de chemins de randonnées à travers champs, prés et forêts. En 2003, fut inauguré le superbe sentier de randonnée « Westfalen-Wanderweg », long de 220 kilomètres, qui relie Hattingen dans l'ouest de la Westphalie à Altenbeken à l'orée orientale de la région. Situé au sud de Hattingen, le Bergerhof, datant de 1482, est un lieu de départ/arrivée populaire des randonneurs.

Südlich der Ruhr zwischen Hattingen, Wuppertal, Sprockhövel und Velbert lädt die Elfringhauser Schweiz zum Ausspannen ein. Obwohl das Gebiet von Erholungssuchenden aus dem gesamten Ruhrgebiet angesteuert wird, hat es sich seine Naturidylle bewahrt. Zwei tiefe Bachtäler durchschneiden die Landschaft, eingerahmt von Hügeln, die bis zu 300 Meter hoch sind. Auch geschichtlich hat das Umland Hattingens einiges zu bieten, denn hier finden sich die ältesten urkundlich erwähnten Steinkohlebergwerke des Ruhrgebiets.

The Elfringhauser Schweiz is a region south of the Ruhr between Hattingen, Wuppertal, Sprockhövel and Velbert. It is perfect for relaxing and unwinding. Despite being a major recreation destination for people from the entire Ruhr region, it has remained an idyll of nature. Two deep brook valleys cut through the landscape, framed by hills up to 300-metres-high. The area surrounding Hattingen has much to offer in terms of history, too. The oldest officially documented coal mines in the Ruhr area can be found here.

Située au sud de la Ruhr, entre Hattingen, Wuppertal, Sprockhövel et Velbert, le terroir dit Elfringhauser Schweiz (Suisse d'Elfringhaus) invite à la détente. Bien que très fréquentée des habitants de la Ruhr, cette contrée a conservé une nature idyllique. Des collines boisées atteignant 300 mètres de hauteur encadrent deux vallées profondes où coulent de petites rivières. Les environs de Hattingen ont aussi des pages d'histoire à raconter : par exemple, la plus ancienne mine de houille du bassin de la Ruhr, mentionnée dans un écrit, se trouvait à cet endroit.

Die Gründer der 1965 eröffneten Universität betraten in vielerlei Hinsicht Neuland: Erstmals wurden die Ingenieurwissenschaften in eine traditionelle Universität integriert. Das „Bochumer Modell" ermöglicht durch die enge Kooperation von Kliniken und Universität eine praxisnahe Ausbildung der Medizinstudenten. Die Universität in Bochum ist eine der 15 größten in Deutschland, etwa 33.000 Studenten sind eingeschrieben. Dazu kommen noch rund 5.000 Mitarbeiter, von denen 400 Professoren sind. 20 Fakultäten bieten mehr als 150 Studiengänge an.

The founders of the university, which opened in 1965, ventured into uncharted territory in many respects: It was the first time that engineering sciences were integrated into a traditional university. The "Bochum model" facilitates a practice-oriented education for medical students through a close cooperation between hospitals and university. Today, approximately 33,000 students are enrolled at the university, which is one of the fifteen largest in Germany. It has around 5,000 employees, 400 of which are professors. The university's 20 faculties offer more than 150 degree programmes.

Les fondateurs de l'université inaugurée en 1965 s'engageaient sur un terrain neuf : c'était la première fois que l'ingénierie était intégrée à une université traditionnelle. D'autre part, le « modèle de Bochum » permet un enseignement ciblé des étudiants en médecine grâce à l'étroite coopération de l'université et des hôpitaux de la ville. Aujourd'hui, l'université de la Ruhr l'une des quinze plus grands en d'Allemagne, avec quelque 33 000 étudiants. Environ 5 000 personnes, dont 400 professeurs, titulaires de chaire, travaillent dans 20 facultés offrant plus de 150 matières.

Der architektonische Mittelpunkt der Ruhr-Universität ist das Auditorium maximum, kurz Audimax. Der große Saal bietet bis zu 1.800 Besuchern Platz. Hier finden neben den großen Veranstaltungen der Universität öffentliche Konzerte und Ausstellungen statt. Der Audimax ist auch der Spielort der Bochumer Symphoniker. – Seite 67: Im Botanischen Garten der Ruhr-Uni wachsen rund 15.000 Pflanzenarten. Der Park dient nicht nur der Wissenschaft, er steht auch der Bevölkerung als Erholungsraum offen. Eine besondere Oase innerhalb des Botanischen Gartens ist der Chinesische Garten.

The Auditorium maximum, known as the "Audimax" for short, is the architectural heart of the Ruhr University. This large hall with space for up to 1,800 people is used both for major university events and public concerts and exhibitions. The Bochum Symphony Orchestra also play in the building. - Page 67: Around 15,000 varieties of plant grow in the Ruhr University's Botanical Garden. The park isn't just used for scientific research, however – it's also open for members of the public to enjoy. The Chinese Garden is a particularly peaceful spot within the garden itself.

L'Auditorium maximum, également appelé Audimax, est le chef d'œuvre architectural incontestable de l'université de la Ruhr. La grande salle peut accueillir jusqu'à 1800 visiteurs. De grands évènements organisés par l'université, mais aussi des concerts et des expositions s'y déroulent. L'Audimax est également le lieu où répète l'orchestre symphonique de Bochum. P 67: Près de 15 000 espèces végétales poussent dans le jardin botanique et le jardin chinois de l'université de la Ruhr. Le parc n'est pas seulement utilisé à des fins scientifiques. C'est un poumon vert au cœur de la ville, qui permet aux habitants de venir se ressourcer et d'évacuer le stress.

BOCHUM, Botanischer Garten mit Chinesischer Anlage der Ruhr-Universität

Modernes BOCHUM

Von der Stahlstadt zur modernen Großstadt hat sich die Stadt Bochum entwickelt. Moderne Architektur prägt die Innenstadt mit Fußgängerzone und Bochumer Schauspielhaus. Doch auch Historisches gibt es noch zu besichtigen. Dazu gehört beispielweise die Probsteikirche St. Peter und Paul als älteste Kirche Bochums. Bereits um 800 von Karl dem Großen angelegt, 1547 nach einem Brand als spätgotische Hallenkirche wieder aufgebaut, im Zweiten Weltkrieg weitgehend zerstört, erstrahlt sie heute nach erfolgreicher Rekonstruktion in neuem Glanz.

Modern BOCHUM

The city of Bochum evolved from steel city to modern metropolis. Contemporary architecture shapes the city centre with its pedestrian zone and the theatre Schauspielhaus Bochum. But Bochum also still has historical sights to see, one of which is the Probsteikirche St Peter and Paul, the oldest church in Bochum. It was erected by Charlemagne around 800, then, following a fire, rebuilt in 1547 as a late Gothic hall church. Though largely destroyed in the Second World War, the church was successfully restored and now shines in new splendour.

BOCHUM, l'architecture moderne

Bochum, ancienne ville de l'acier, s'est développée en une métropole moderne. L'architecture contemporaine définit le centre-ville avec ses rues piétonnières et le théâtre municipal. Toutefois, la ville a conservé quelques édifices historiques, dont le prieuré Saint-Pierre-et-Paul, la plus ancienne église de Bochum. Bâtie vers 800 sous Charlemagne, l'église fut reconstruite dans le style gothique tardif en 1547 après un incendie. L'édifice religieux de type halle fut de nouveau détruit durant la Seconde Guerre mondiale. Mais rebâtie à l'identique, l'église des prieurs domine de nouveau le centre-ville.

BOCHUMs berühmte Partymeile, Bermuda 3 Eck

STARLIGHT EXPRESS
Theater Starlight Express

Seit 1988 rauscht der Starlight Express durch die eigens dafür gebaute Musical-Halle und entwickelte sich zum Magneten für die Revier-Stadt. Mehr als vierzehn Millionen Besucher sahen das Andrew-Lloyd-Webber-Musical bereits in Bochum. Damit ist Starlight Express das erfolgreichste Musical der Welt an einem Standort. Tag für Tag präsentieren die Veranstalter die Show mit hochkarätigen Stunteinlagen auf hohem musikalischen Niveau. Verkehrsgünstig direkt an der A40 gelegen, lockt das Musical Besucher aus dem gesamten Bundesgebiet nach Bochum.

Ever since 1988, the Starlight Express has been whooshing through the musical hall built specifically for this purpose. It has become a magnet for the city in the Ruhr area. Already more than fourteen million people have seen the Andrew Lloyd Webber musical in Bochum. This makes Starlight Express the most successful musical in the world in one location. Day after day, the hosts present the show that features top-class stunt acts and first-rate musical performance. Conveniently located directly at the A40 motorway, the musical draws visitors from all over Germany to Bochum.

Depuis 1988, le « Starlight Express » fait salle comble dans le music-hall construit spécialement pour ce show à Bochum. Plus de quatorze millions de spectateurs sont déjà venus applaudir « Starlight Express », œuvre d'Andrew Lloyd Webber. Aucun autre music-hall permanent n'a jamais eu autant de succès en Europe. Jour après jour, la troupe présente danses, tableaux théâtraux et numéros de cascades sur une musique de très haut niveau. Situé sur l'autoroute A40, le music-hall est très facilement accessible de toutes les régions environnantes.

Längst haben sich in Bochum moderne Unternehmen etabliert, ein herausragendes Beispiel ist die GEA Group mit Hauptsitz in der Revier-Stadt. Zu dem international operierenden Technologiekonzern gehören 250 Unternehmen in 50 Ländern. In der gläsernen Rotunde des Firmenhauptsitzes werden regelmäßig Kunstausstellungen veranstaltet, die auch der Öffentlichkeit zugänglich sind. „Kunst in der Rotunde" zeigt Fotografien, Gemälde und Skulpturen namhafter Künstler, die auf unterschiedliche Art mit dem Ruhrgebiet verbunden sind.

Modern companies have long established themselves in Bochum. GEA Group, headquartered in this Ruhr area city, is an excellent example. The internationally operating technology group has 250 companies in 50 countries. Art exhibitions, which are also open to the public, are held regularly in the glass rotunda of the company's headquarters. "Art in the Rotunda" shows photographs, paintings and sculptures by renowned artists who are connected with the Ruhr region in various ways.

Diverses entreprises modernes se sont installées à Bochum ces dernières décennies. Un des meilleurs exemples est le GEA Group qui a établi son siège dans la ville industrielle. Avec 250 entreprises de technologies dans 50 pays, le groupe opère internationalement. Des expositions d'art ouvertes au public ont régulièrement lieu dans la rotonde en verre du quartier-général de GEA. « Art dans la rotonde » propose un programme de photographies, peintures et sculptures d'artistes renommés, liés d'une façon ou d'une autre au bassin de la Ruhr.

Mehr als 180 Schienenfahrzeuge aus der Zeit von 1853 bis heute präsentiert das Eisenbahnmuseum in Bochum-Dahlhausen. Im ehemaligen Bahnbetriebswerk geben sich die Eisenbahn-Fans die Klinke in die Hand. Hier erfahren die Besucher alles über die Entwicklung der Loks und Wagen der deutschen Eisenbahn, über Signaltechnik und Fahrkartendrucker. Viele Exponate wurden vor der Verschrottung bewahrt und sind einzigartig. Das Museum bietet jedes Jahr Tagesfahrten mit dem historischen Museumszug an – und tausende Passagiere sind bisher eingestiegen.

More than 180 rail vehicles from 1853 until today are presented at the Railway Museum in Bochum-Dahlhausen. The former depot attracts a never-ending stream of railway fans. Here, visitors learn all about the history of the locomotives and cars of the German railway, and about signalling equipment and ticket printers. Many exhibits were saved from scrapping and are one of a kind. The museum offers day trips with the historic museum train each year. Thousands of passengers have boarded it thus far.

Situé à Bochum-Dahlhausen, le musée du Chemin de Fer comprend plus de 180 véhicules ferroviaires, datant de 1853 à nos jours. Dans une ancienne gare et un atelier de réparation ferroviaire, les nombreux visiteurs apprennent tout sur le développement des locomotives et des wagons du chemin de fer allemand, sur les techniques des signaux et des compostages de billets. De nombreux objets exposés ont été sauvés de la casse et sont uniques. En outre, le musée propose des excursions dans son train historique, dont ont déjà profité des milliers de personnes.

Auf der Stadtgrenze zwischen Bochum und Witten lädt der 125 Hektar große Kemnader See mit Bootsverleih, Grillplätzen und großem Freizeitbad zur Erholung ein. Hier treffen sich auch Fahrradfahrer und Inlineskater. Die Gebäude der ehemaligen Schachtanlage in Oveney, wo bis 1928 Kohle gefördert wurde, beherbergen heute Ruder- und Segelboote. Die „MS Kemnade" schippert regelmäßig über den See.

The Kemnader Lake is situated at the city boundary between Bochum and Witten. The 125-hectare lake offers many recreational opportunities, including boat rental, barbecue areas and a large water park. Bicyclists and inline skaters also meet here. The buildings at the former pit in Oveney, where coal was produced until 1928, now house rowing boats and sailing boats. The ship MS Kemnade regularly travels the lake.

Situé entre Bochum et la ville voisine de Witten, le Kemnader See, vaste de 125 hectares, est un but d'excursion très populaire. Le lac et son site offrent location de bateaux, places de barbecue et vaste complexe aquatique avec piscine de plein air. S'y rencontrent également les cyclistes et les skaters. Les bâtiments de l'ancienne mine d'Oveney où l'on exploita le charbon jusqu'en 1928, abritent aujourd'hui des bateaux à voile et à avirons.

HERNE, Schloss Strünkede

Das Wasserschloss Strünkede, ein Barockbau aus dem 16. /17. Jahrhundert ist das älteste erhaltene Gebäude der früheren Bergbaustadt Herne. — The Strünkede Water Castle, a baroque building from the 16th/17th century, is the oldest preserved building in Herne, a former mining town. — Entouré d'eau, le château de Strünkede est une construction baroque du 16ème/17ème siècle. C'est l'un des plus vieux bâtiments conservé en l'état de l'ancienne cité minière de Herne

HERNE, Cranger Kirmes

Die Cranger Kirmes, zweitgrößte Volksfest in Deutschland, begann einst als Pferdemarkt im Herner Stadtteil Crange. Heute bietet das Fest Kirmesattraktionen für durchschnittlich vier Millionen Besucher. — The Cranger Kirmes, Germany's second largest funfair, started out as a horse market in the Crange district of Herne. An average of four million visitors come to enjoy its fairground attractions every year. — Autrefois, la Cranger Kirmes, deuxième plus grande fête populaire d'Allemagne, était un marché aux chevaux qui se déroulait dans le quartier Crange à Herne. Aujourd'hui, elle propose des centaines d'attractions aux 4 millions de visiteurs qui s'y rendent chaque année.

HERNE, Flottmann-Hallen

In den Flottmann-Hallen schmiedeten der Unternehmer Heinrich Flottmann und seine Mitarbeiter früher unter anderem Bohrhämmer. Jetzt dienen die einstigen Industriegebäude als Zentrum für Kunst, Kultur, Theater und Tanz. — Businessman Heinrich Flottmann and his colleagues used to forge such tools as hammer drills in the Flottmann Halls. These erstwhile industrial buildings now serve as a centre for art, culture, theatre and dance today. — C'est dans les halles Flottmann que l'entrepreneur Heinrich Flottmann et ses ouvriers forgeaient des marteaux perforateurs avant la guerre. Aujourd'hui, l'ancien bâtiment industriel est devenu un centre culturel qui accueille des expositions, des représentations théâtrales ou encore des spectacles de danse.

DORTMUND, Autobahn A 40 mit Blick auf den Florianturm

Das Dortmunder Gebiet war bereits in der Bronzezeit (1000 vor Christus) stark besiedelt. Mit über 570.000 Einwohner ist Dortmund heute die größte Stadt im Ruhrgebiet. Die großzügig angelegte Fußgängerzone mit ihren vielen Geschäften lockt Käufer aus dem gesamten Revier in die Stadt. Wie viele Kommunen im Ruhrpott war Dortmund lange von Bergbau und Schwerindustrie geprägt. Inzwischen haben Unternehmen etwa aus der Logistik sowie Informations- und Mikrosystemtechnik hier ihren Sitz. Mit sechs Hochschulen ist Dortmund ein bedeutender Wissenschaftsstandort.

The Dortmund area was already heavily populated back in the Bronze Age (1,000 BC). With over 570,000 inhabitants, Dortmund is the largest city in the Ruhr today. Its spacious pedestrian zone with a large number of stores entices shoppers to the town from all over the region. Like many Ruhr communities, Dortmund was long dominated by mining and heavy industry, but such enterprises as logistics, information and microsystems technology companies have now made the city their home. With its six universities, Dortmund is an important centre for science.

A l'âge de bronze (1000 ans avant JC), la région de Dortmund était déjà très peuplée. Avec plus de 570 000 habitants, Dortmund est aujourd'hui la plus grande ville de la Ruhr. L'immense zone piétonne et ses nombreuses boutiques attirent les habitants de toute la région. Comme beaucoup de communes du bassin de la Ruhr, Dortmund a longtemps été marquée par l'activité minière et l'industrie lourde. Aujourd'hui, bon nombre d'entreprises du secteur logistique, techniques d'information ou microsystèmes ont leur siège à Dortmund. Avec six établissements d'enseignement supérieur, Dortmund est également un pôle scientifique important.

DORTMUND, Westfalenhallen

Weit über die Landesgrenzen hinaus bekannt sind die Dortmunder Westfalenhallen. Seit mehr als acht Jahrzehnten werden dort Messen und Kongresse organisiert. Zu Sportveranstaltungen, wie dem legendären Sechs-Tage-Rennen, Tanzmeisterschaften oder Leichtathletik-Veranstaltungen strömen ebenso viele Menschen in die Hallen wie zu zahlreichen musikalischen Events. Hier geben sich die Stars der Rock- und Popszene die Klinke in die Hand. Durch die zentrale Lage an der B1 sind die Hallen für alle bequem zu erreichen. Das hat sicher zu ihrem Erfolg beigetragen.

Dortmund, Westfalenhallen

Dortmund's Westfalenhallen are famous far and wide. Trade fairs and congresses have been held here for more than 80 years. Spectators flock to sports events like the Six-Day-Race, dancing championships or athletics competitions as to the many musical events. One rock or pop star follows on the heels of another. The central location right on the B1 artery makes the Westfalenhallen very easy to reach, a fact that has almost certainly contributed to its great success.

Dortmund, Parc des expositions

Le parc des sports et des expositions dit « Westfalenhallen » est connu bien au-delà des frontières de la province. Il accueille des foires et des congrès depuis plus de 80 ans. C'est ici que se déroulent également de grandes manifestations sportives telles que des championnats d'athlétisme, des tournois de danse et les légendaires « 6 jours de course cycliste ». Les halls servent aussi aux concerts gigantesques des stars du pop et du rock. La situation géographique centrale du complexe, facilement accessible par la route B1, a largement contribué à son succès.

DORTMUND, St. Reinoldi-Kirche

Ein weiterer Kunstschatz der Dortmunder ist der burgundische Schnitzaltar in der St. Reinoldi-Kirche. Vor dem prächtigen Chorgestühl findet man im Bild rechts die überlebensgroße Darstellung Karls des Großen und des Heiligen Reinold, um dessen Leben sich zahlreiche Legenden ranken. St. Petri (1320 erbaut) war einst die Kirche der Zünfte. Dort beeindruckt ein Schnitzaltar der Antwerpener Lukasgilde aus dem Jahr 1521. Er wird auch „Goldenes Wunder von Dortmund" genannt, weil er 36 Tafelbilder und 30 geschnitzte Szenen mit teilweise vergoldeten Figuren umfasst.

Dortmund, Church of St Reinold

One of Dortmund's other art treasures is the Burgundian carved altar in the church of St Reinold. In front of the magnificent choir stalls there is a more than life-size image of Charlemagne and St Reinold, whose life is wreathed in legend (photo on the right). The church of St Peter was once the church of the guilds (built in 1320). A carved altar by the Antwerp guild of St Luke dating from 1521 is particularly impressive. It is also called the "Golden Miracle of Dortmund", as it consists of 36 tableaus and 30 carved scenes with partly gilded figures.

Dortmund, chœur de la basilique

L'autel sculpté de la basilique Reinoldi est un des joyaux de Dortmund. Devant les stalles splendides se dressent les statues de Charlemagne et de saint Reinold dont la vie a engendré maintes légendes. Saint-Petri, érigée entre 1320, était autrefois l'église des corporations. Elle abrite un autel de la guilde Lukas d'Anvers, réalisé en 1521. L'autel est également surnommé le « Miracle d'or de Dortmund » car il est constitué de 36 tableaux et 30 scènes sculptées, décorés de plusieurs figures dorées.

◁ DORTMUND, Innnenstadt

Borussia Dortmund hat im Signal Iduna Park-Stadion seine Heimat gefunden. Das erste Stadion wurde bereits 1974 anlässlich der Fußball-Weltmeisterschaft erbaut und bot den Fans seitdem erlebnisreiche Momente des Fußballsports. Nach über 30 Jahren wurde das Stadion für die Fußball-Weltmeisterschaft 2006 zu einem echten Schmuckstück modernisiert. Das Signal Iduna Park-Stadion bietet fast 81.000 Zuschauern Platz! Nicht nur die vielen und treuen Dortmunder Fußball-Fans feiern hier wahre Fußballfeste, auch Besucher finden Stimmung und Faszination.

The Signal Iduna Park Stadium is now home to the soccer club of Borussia Dortmund. In its forerunner, built in 1974 for the World Cup, fans were treated to many of sport's most thrilling moments. After more than 30 years, the stadium has undergone impressive and innovative modernisation for the 2006 World Cup. The gigantic Signal Iduna Park Stadium houses almost 81,000 spectators, and with its fascinating and exciting atmosphere makes an ideal location for the numerous faithful Dortmund fans and others who celebrate real festivals of soccer here.

L'équipe Borussia Dortmund est chez elle au Signal Iduna stade du parc. Construit en 1974 à l'occasion des championnats du monde de football, le stade a offert depuis de grands moments aux fans du ballon rond. Aujourd'hui, trente ans plus tard, il a été superbement restauré et modernisé pour le Mondial de 2006. Le Signal-Iduna-Park-Stadion peut accueillir 81 000 spectateurs! Non seulement les nombreux supporters fidèles du club de Dortmund, mais aussi un public national, subjugué par l'atmosphère et l'ambiance du stade, célèbrent ici de grandes fêtes du football.

Im Süden von Dortmund liegt der Stadtteil Hörde. Hier stand einst das Hüttenwerk Phoenix, die sogenannte Hermannshütte. Sie wurde 1998 stillgelegt, die Hochöfen demontiert und im chinesischen Shanghai neu aufgebaut. Auf dem ehemaligen Industriegelände ist rund um den künstlich angelegten Phoenix-See ein neues Stadtviertel entstanden. Hörde gilt damit als Modell des Strukturwandels, der Entwicklung vom einstigen Standort der Schwerindustrie hin zu einem modernen, freizeitorientierten Stadtteil, in dem sich technologieorientierte Unternehmen ansiedeln.

The district of Hörde lies to the south of Dortmund. It was once home to the Phoenix Steelworks, also known as Hermann's Steelworks. It was shut down in 1998, and the furnaces were dismantled and reassembled in Shanghai. A new city district has been built on the former industrial site around the manmade Phoenix lake. As a consequence, Hörde is regarded as a model of structural transformation, exemplifying how a former centre of heavy industry can turn into a modern, leisure-oriented district which technological businesses choose to make their home.

Le quartier de Hörde est situé au sud de Dortmund. La Hermannshütte, une usine sidérurgique qui ferma ses portes en 1998, se trouvait autrefois sur le site. Les hauts-fourneaux ont été démontés et réinstallés en Chine à Shanghai. Un nouveau quartier a vu le jour autour du lac artificiel de Phoenix. Hörde symbolise le changement par excellence, la transformation d'un site autrefois dédié à l'industrie lourde en un quartier moderne, résolument orienté vers les loisirs, dans lequel se sont installées de nouvelles entreprises à dominante technologique.

Bereits 1290 wurde das Haus Rodenberg als Ritterburg urkundlich erwähnt. Im 17. Jahrhundert wurde es zum barocken Wasserschloss umgebaut. Doch nur einige Wirtschaftsgebäude überstanden die kommenden Jahrhunderte. Heute beherbergt das sanierte Schloss eine Gastronomie. — Der Rombergpark gehört zu den großen Erholungsflächen der Stadt. Bereits um 1820 als englischer Landschaftspark angelegt, gilt seine Gehölzsammlung heute als die größte Deutschlands. Botanischer Garten, Tropenhäuser und Biotope lassen den Besucher die Natur hautnah erleben.

Haus Rodenberg was documented as a knight's castle as early as 1290. In the 17th century, it was converted into a baroque moated castle. However, only several outbuildings survived the following centuries. Today, the renovated castle houses a restaurant. — Romberg Park is one of the city's large recreational areas. Established around 1820 as an English countryside park, its arboretum is considered to be the largest in Germany today. The botanical garden, tropical greenhouses and biotopes allow visitors to experience nature first hand.

Mentionné dans un écrit dès 1290, le château féodal de Rodenberg fut transformé en style baroque au XVIIe siècle. Toutefois, seuls quelques bâtiments des communs survécurent aux derniers siècles. Aujourd'hui restauré, l'édifice abrite un restaurant gastronomique. — Le parc de Romberg est une des plus grandes aires de loisirs de la ville. Il fut aménagé dans le style des jardins anglais en 1820, et renferme la plus grande variété d'arbres d'Allemagne. Le parc abrite en outre un jardin botanique, des serres tropicales et un biotope. La nature à l'état pur en pleine ville !

Seit dem 13. Jahrhundert residiert die Familie von Bodelschwingh in dem gleichnamigen Wasserschloss nahe Dortmund. Die über mehrere Jahrhunderte einflussreiche Familie besaß bis ins 19. Jahrhundert die Eigengerichtsbarkeit: Im Schlosspark wurde den Übeltätern der Prozess gemacht. Diese einträgliche Gerichtsbarkeit verhalf der Familie zu Ansehen und Geld, das später durch den Erwerb und das Erbe von landwirtschaftlichen Gütern erfolgreich vermehrt wurde. Das Wasserschloss ist noch heute im Privatbesitz und kann nicht besichtigt werden.

The von Bodelschwingh family has resided in the moated castle, which bears the same name and is located near Dortmund, since the 13th century. The family was of great influence for several centuries and had the right of self-jurisdiction until into the 19th century: Wrongdoers were put on trial in the castle's garden. This self-jurisdiction brought the family esteem and money, which later was successfully augmented through the acquisition and inheritance of agricultural property. The moated castle is still privately owned today and cannot be toured.

Depuis le XIIIe siècle, la famille von Bodelschwingh réside dans ce château qui porte son nom, situé près de Dortmund. Influente durant de nombreux siècles, la famille posséda le droit de faire justice jusqu'au XIXe siècle : les procès des délinquants se déroulaient dans le parc du château. Ce privilège apporta aux Bodelschwingh prestige et fortune qu'ils surent accroître plus tard par l'achat d'exploitations agricoles et par héritages. Le château entouré de douves est propriété privée, non accessible au public.

Die alte Hohensyburg, hoch über der Mündung der Lenne in die Ruhr gelegen, hatte es schon Karl dem Großen angetan, der die sächsische Volksburg 775 erstürmen ließ. An der Stelle der ab 1169 zerstörten Burg steht heute ein Kaiserdenkmal. Das Spielcasino Hohensyburg gilt als eine der umsatzstärksten Spielbanken Deutschlands. 1985 eingeweiht, brachte es Leben in das bis dahin eher verträumte Hohensyburg. Hinter der modernen Glasfassade können Besucher im Erdgeschoss an Automaten spielen. In der oberen Etage werden klassische Spiele wie Roulette angeboten.

Even Charlemagne was taken with the old Hohensyburg, situated high above the confluence of the Lenne and Ruhr rivers, and had the Saxon refuge castle stormed in 775. A monument to the Kaiser now graces the spot where the castle once stood before being destroyed in 1169. Casino Hohensyburg is considered one of the most revenue-generating casinos in Germany. Inaugurated in 1985, it brought life to the previously rather sleepy Hohensyburg. Behind the modern glass facade, guests can play the machines on the casino's ground floor. On the upper floor, classic games such as roulette are offered.

Surplombant l'embouchure de la Lenne dans la Ruhr, l'ancien château de Hohensyburg bâti par les Saxons fut pris par Charlemagne en 775. Un monument impérial se dresse aujourd'hui à l'emplacement du fort détruit en 1169. Le casino de Hohensyburg est un des plus importants d'Allemagne en matière de chiffre d'affaires. Inauguré en 1985, il a apporté de l'animation au faubourg jusqu'alors plutôt paisible de Hohensyburg. Derrière la façade moderne de l'édifice se trouvent diverses salles de jeux, depuis celle des machines à sous du rez-de-chaussée aux tables de roulette et autres jeux traditionnels dans les étages.

Las Vegas World
Welcome
HUNDERT
HUNDERT

Mystical Journey

Eine phantastische Aussicht auf das Ruhrtal bei Witten bietet das 20 Meter hohe Bergerdenkmal. Es ist dem Wittener Bürger Louis Berger gewidmet, der nicht nur zu den bedeutendsten Industriellen des Ruhrgebiets zählte, sondern auch sozial sehr engagiert war. Der Turm wurde 1902 aus Ruhrsandstein gebaut. — 30 Meter über der Ruhr spannt der Ruhr-Viadukt Herdecke einen großen Bogen über den Fluss. Er wurde ab 1877/78 als Teilstrecke der Rheinischen Eisenbahn von Düsseldorf nach Dortmund gebaut. Die 313 Meter lange Strecke wird heute von der „Volmetalbahn" befahren.

The Berger Monument, 20 metres in height, offers a fantastic view of the Ruhr Valley near Witten. It is dedicated to Witten citizen Louis Berger who not only counts among the most prominent industrialists of the Ruhr area but was also very committed to social issues. The tower was built in 1902 using Ruhr sandstone. — 30 metres above the Ruhr, the Ruhr viaduct Herdecke spans the river in a long, gentle arc. Its construction began in 1877/78 as a section of the Rhenish Railway from Düsseldorf to Dortmund. Today, the 313-metre stretch is used by the Volmetalbahn railway line.

Un superbe panorama sur la vallée de la Ruhr près de Witten s'offre depuis le monument haut de 20 mètres dédié à Louis Berger, citoyen de Witten, un des industriels les plus importants du bassin de la Ruhr, également réputé pour ses œuvres sociales. La tour fut construite en 1902 en grès de la Ruhr. — Le viaduc à arches de Herdecke s'élève à 30 mètres au-dessus de la rivière Ruhr. Il fut construit de 1877 à 1878 durant l'aménagement de la ligne de chemin de fer rhénane entre Düsseldorf et Dortmund. Le train « Volmetalbahn » parcourt aujourd'hui le trajet long de 313 mètres.

Am Ruhr-Viadukt bei Herdecke schließt sich der Harkortsee an. 1931 als Stausee angelegt, dient er der Reinigung des Ruhrwassers, hat jedoch auch einen hohen Freizeitwert. Direkt am Harkortsee liegt die Ruine der Burg Wetter. Von hier aus verwalteten die märkischen Grafen ihren Besitz. Die Ruine liegt auf einem Ausläufer des Ardeygebirges über der Stadt Wetter. — Geschichte hautnah erleben können die Besucher des Hagener Freilichtmuseums. In historischen Werkstätten wird die Entwicklung von Handwerk und Technik anschaulich dargestellt.

Lake Harkort borders the Ruhr viaduct near Herdecke. Created in 1931 as a reservoir, the lake serves to purify the Ruhr water, but it is also highly valued for its recreational opportunities. The ruins of Wetter Castle are located directly at Lake Harkort – the counts of the Mark governed their domain from here. The ruins are nestled in the foothills of the Ardey Mountains above the city of Wetter. — Visitors to the Open-Air Museum in Hagen can experience history up close and personal. In historic workshops, the development of trade and technology is vividly demonstrated.

Tout près du viaduc de Herdecke s'étend le Harkotsee, lac de retenue aménagé en 1931 pour purifier l'eau de la Ruhr. Surplombant le lac, devenu aire de loisirs très fréquentée, la ruine du château de Wetter s'élève sur un contrefort du massif de l'Ardey. Il était jadis le siège des comtes qui régnaient sur la région. — Le musée de plein air de Hagen raconte l'histoire de la Ruhr et la vie de ses habitants. Les visiteurs découvrent par exemple le développement de l'artisanat et de la technique dans des ateliers reconstitués à l'identique.

△ Tabakfabrik - westfälisches Genussmittel-Gewerbe des 19. Jahrhunderts

Kleineisenproduktion von anno dazumal △ Hufschmied ▽ Schmiedehammer

Das Hofgebäude des Emscher Quellhofes ist typisch für die Region und wurde unter Denkmalschutzauflagen sorgfältig restauriert. Die Besucher erfahren in der ständigen Ausstellung viel über das Leben und Arbeiten auf dem Land im 19. Jahrhundert. Besonderes Augenmerk wurde auf die Geschichte der Emscher gelegt, einen Fluss, der einst begradigt wurde, als „Kloake" der Region jahrzehntelang Abwasser aufnehmen musste und im Laufe der letzten Jahre in einem Generationenprojekt „renaturiert" wird. Die Emscher ist damit auch Symbol für eine ganze Region.

The building of the Emscher Quellhof is typical of the region and was carefully restored in accordance with historic preservation requirements. Visitors to the permanent exhibition learn much about life and work in the country during the 19th century. Special focus was given to the history of the Emscher, a river that once was straightened and had to take up sewage for decades as the region's "cesspit". In the course of recent years, is has been "renaturalised" as part of an ongoing intergenerational project. The Emscher is therefore also a symbol for an entire region.

Ancienne ferme typique de la région, le Quellhof, soigneusement restauré, est aujourd'hui placé sous la protection des monuments. Une exposition permanente montre aux visiteurs la vie et les travaux à la campagne durant le XIXe siècle. L'histoire de la rivière Emscher y occupe une place spéciale : son cours fut autrefois rectifié, pour qu'elle serve de « cloaque » à la région. Les eaux usées y furent déversées durant des décennies. La rivière et ses berges ont été réhabilitées au cours de ces dernières années. L'Emscher est ainsi un symbole de la régénération de la nature dans le bassin de la Ruhr.

Liebevoll restaurierte Fachwerkhäuser prägen das alte Klosterviertel von Unna. Die Stadtburg der Grafen von der Mark mit einem bedeutenden Goldmünzschatz wird heute als Hellweg-Museum genutzt. Um 1278 erhielt Unna die Stadtrechte. Von der Stadtbefestigung sind heute noch größere Abschnitte erhalten. Der Handel mit Bier und Salz brachte den Bewohnern der alten Hansestadt Wohlstand. Ab 1870 begann der Kohlebergbau. Alte Zechensiedlungen prägen deshalb den Norden der Stadt, während der Süden eher ländlich strukturiert ist.

Lovingly restored half-timbered houses give the old monastery district of Unna its special character. The citadel of the counts of the Mark today houses the Hellweg Museum, which is home to a considerable treasure of gold coins. Unna received its town charter around 1278. Large sections of the city's fortifications still remain today. The trade with beer and salt brought prosperity to the residents of the old Hanseatic city. In 1870, coal mining began. Old colliery housing estates thus shape the north of the city while the south has more of a rural feel.

Les maisons à colombages superbement rénovées marquent l'ancien quartier du monastère d'Unna. La résidence citadine des anciens comtes régnants abrite aujourd'hui le musée Hellweg, nommé d'après la grande route marchande qui abordait la cité. Unna, qui a conservé une grande partie de son enceinte médiévale, reçut ses droits de ville en 1278. Le commerce de la bière et du sel apporta la prospérité à l'ancienne cité hanséatique. L'exploitation minière commença en 1870. Les anciens lotissements des mineurs se trouvent au nord de la ville, tandis que ses quartiers sud sont plus ruraux.

BERGKAMEN, Haus Reck

Im Adelssitz Haus Reck residierte die Familie von der Recke, die über mehrere Jahrhunderte als Drosten (Verwalter) von Unna und Kamen tätig waren. Teile des Gebäudes stammen aus dem 15. Jahrhundert, die Stallungen aus dem 18. Jahrhundert. Wehrmauer und Wehrturm wurden in der Mitte des 16. Jahrhunderts errichtet. Das Adelsgeschlecht baute auch eine Kirche in unmittelbarer Nachbarschaft. Im ehemaligen Wehrturm geht es heute eher romantisch zu: Seit einigen Jahren können sich Brautpaare dort trauen lassen.

Bergkamen, Haus Reck

The aristocratic estate Haus Reck was home to the von der Recke family who served as bailiffs (administrators) of Unna and Kamen for several centuries. Parts of the building originated in the 15th century, the stables date back to the 18th century. The defence wall and defence tower were erected in the middle of the 16th century. The noble family also built a church in the immediate vicinity. Today, the former defence tower has a rather romantic air about it: For several years now, couples have been able to get married there.

Bergkamen, château de Reck

Le château de Reck était autrefois la résidence de la famille noble von der Recke, qui durant plusieurs siècles administra Unna et Kamen. Quelques parties de l'édifice datent du XVe siècle ; le donjon et le mur d'enceinte furent construits au milieu du XVIe siècle tandis que les écuries étaient bâties plus tard, au XVIIIe siècle. La famille von der Recke fit également ériger une église dans le voisinage du château. L'ancien donjon a aujourd'hui une fonction romantique : depuis quelques années, on y célèbre des cérémonies de mariage.

HAMM, Maximilianpark

Der 35 Meter hohe Glaselefant im Maximilianpark gilt heute als Wahrzeichen Hamms. Das Kernstück der begehbaren Plastik bildet die ehemalige Kohlenwäsche der längst stillgelegten Zeche Maximilian. Während der Künstler Horst Rellecke aus Hamm die Stahl-Glas-Konstruktion mit einer Aussichtsplattform entwarf, gestaltete Hundertwasser den Landschaftspark um den Elefanten herum. Der Maximilianpark erfreut sich nicht nur wegen seiner abwechslungsreichen Vegetation, sondern auch wegen seines kulturellen Angebots großer Beliebtheit.

Hamm, Maximilianpark

The 35-metre-tall glass elephant in Maximilianpark is regarded as Hamm's major landmark today. The core of the sculpture, in which you can walk around, is the former coal washing plant of the Maximilian pit, which was closed a long time ago. While the Hamm-based artist Horst Rellecke designed the steel and glass construction and viewing platform, Hundertwasser was responsible for laying out the landscape around the elephant. Maximilianpark is very popular, not just because of its rich vegetation but also because of its cultural facilities.

Hamm, le parc de Maximilian

L'édifice haut de 35 mètres, appelé éléphant de verre, qui se dresse dans le parc Maximilian, est aujourd'hui le symbole de Hamm. La laverie de l'ancienne mine Maximilian constitue le noyau de la gigantesque sculpture où l'on peut pénétrer. Horst Rellecke, artiste de la ville, a réalisé la construction de verre et d'acier dotée d'une plate-forme panoramique. L'aménagement de la maison écologique située à l'arrière de l'éléphant, est due à Hundertwasser. Le parc Maximilian est le poumon vert de la ville, de même que le lieu de rencontres culturelles.

HAMM ▽ Gustav-Heinemann-Straße

△ Nordrhein-Westfalen-Tag ▽

1226 gegründet, verdankte die Stadt ihren Wohlstand zunächst dem Handel, der Tuchweberei und der Brauerei. Berg- und Maschinenbau sorgten später für den Aufschwung. Von ihrer Bedeutung als Eisenbahnknotenpunkt zeugt das schöne Bahnhofsgebäude (1847). Mit sichtbarem Erfolg sind die Stadtväter seit Jahren bemüht, alte Industriebrachen zu rekultivieren. Jedes Jahr treffen sich in Hamm fast 20.000 gläubige Hindus, um das Tempelfest mit einer öffentlichen Prozession zu feiern. 2002 wurde in der Stadt ein im südindischen Stil erbauter Tempel eingeweiht.

Founded in 1226, the city initially owed its prosperity to trade, cloth weaving and the brewery business. Later on, mining and machine construction provided prosperity. The beautiful railway building (1847) is evidence of the city's significance as a railway junction. For years, the city fathers have endeavoured to revegetate old industrial wastelands and have done so with visible success. Each year, nearly 20,000 Hindus meet in Hamm to celebrate the temple festival with a public procession. In 2002, a temple built in south Indian style was consecrated in the city.

Fondée en 1226, la ville dut d'abord sa prospérité au commerce, à la draperie et au brassage de la bière. Plus tard, elle prit de l'essor grâce à la mine et la construction mécanique. La belle gare (1847) témoigne de son importance en tant que carrefour ferroviaire. Opérée depuis des années par les autorités de la ville, la réhabilitation des anciens sites industriels montre aujourd'hui des résultats probants verdoyants. Tous les ans, quelque 20000 Hindous se rencontrent à Hamm pour célébrer leur fête du Temple, avec une procession dans la ville. Le temple, érigé en style du Sud de l'Inde, a été inauguré en 2002.

LÜNEN, Lüntec-Tower

Erst Hansestadt, wie die Nachbarstadt Kamen, dann vom Bergbau geprägt, blickt Lünen nun in die Zukunft: Star-Designer Luigi Colani entwarf das Forschungs- und Entwicklungszentrum Lüntec auf dem Gelände der letzten Schachtanlage Minister Achenbach. Stadtrechte erhielt Lünen nach einem spektakulären Umzug durch Graf Adolf II. von der Mark. Er ließ, um die Stadt auch ganz sicher auf seinem Grund anzusiedeln, 1336-1341 jedes Gebäude vom münsterischen Nordufer an das märkische Südufer der Lippe verlegen.

LÜNEN, Lüntec-Tower

First a member of the Hanseatic League, like neighbouring Kamen, then a mining town and now on its way to becoming a research and development centre: Lünen´s future prospects look bright. Star designer Luigi Colani designed the Lüntec research and development centre on the site of the last pit, Minister Achenbach. Lünen was granted town charters after a spectacular move by Count Adolf II von der Mark. In order to make 100% sure that the township was on his territory he moved every building from the north bank of the Lippe and rebuilt it in 1336-1341 on the southern bank.

LÜNEN, Lüntec-Tower

La petite ville pittoresque de Kamen fit autrefois partie de la Hanse. – À proximité, Lünen, également ville hanséatique, puis prospère grâce à l'exploitation minière, est aujourd'hui une ville axée sur les technologies de pointe. Elle abrite le centre de recherches et développement Lüntec, conçu par le célèbre designer Luigi Colani, sur l'emplacement d'une ancienne mine. Lünen reçut son droit de ville après une action spectaculaire du comte Adolf II de Mark. Entre 1336 et 1341, il fit transférer sur son territoire les édifices de la ville qui se dressaient sur l'autre rive de la Lippe n'appartenant pas à son comté.

Mit Hilfe moderner Hebewerke, wie im Bild links, überwinden die Binnenschiffer die Höhenunterschiede. Im Schleusenpark Waltrop kann man sich heute noch alte Hebewerke ansehen. — Die Stadt Recklinghausen ging aus einem Königshof Karls des Großen hervor. Die Hansestadt erlangte durch die ihr 1236 verliehenen Stadtrechte Wohlstand durch den florierenden Handel. Nach schweren Bränden und mageren Jahren im 16. Jahrhundert ging es erst mit dem Eisenbahnbau ab 1870 wieder aufwärts. Bekannt ist Recklinghausen heute durch die Ruhrfestspiele.

Bargemasters use modern locks like the one in the photo in Herten-Waltrop to navigate the waterways. Old locks can be viewed in the Waltrop lock park. — The town developed from a court residence of Charlemagne. Recklinghausen, which received town charters in 1236, prospered as a Hansa League trading city. Following devastating fires and lean years in the 16th century, prosperity returned after railway building began in 1870. Today, Recklinghausen is famous for its Ruhr theatre festival.

À Herten-Waltrop, des écluses modernes aident les bateaux à franchir les différents niveaux d'eau de la rivière. On peut encore voir de vieilles écluses dans le parc de Henrichenburg. — La cité reçut son droit de ville en 1236, lorsqu'elle fit partie de la Hanse et devint prospère grâce au commerce. Après avoir été ravagée par des incendies et des années de pénurie à partir du XVIe siècle, elle reprit son essor en 1870 grâce à l'exploitation minière. Recklinghausen est très connue pour son célèbre festival de théâtre annuel.

Die Herzöge von Kleve gründeten im 15. Jahrhundert den Marktflecken Castrop. Mit Beginn des Kohleabbaus erhielt der Ort 1902 die Stadtrechte. 1926 wurde Castrop mit den Ämtern Rauxel und Bladenhorst zusammengelegt. Die Geschichte reicht bis 834 zurück. Bereits 1266 wurde das Gestüt Schloss Bladenhorst erwähnt. Das heutige Wasserschloss entstand durch Umbauten um 1530 und gilt als Vorzeigeobjekt der deutschen Spätrenaissance. Der massige Wehrturm aus dem 13. Jahrhundert sowie die Gräftenanlage lassen heute noch die große Bedeutung der Burganlage erahnen.

The dukes of Cleves founded the market town of Castrop in the 15th century. With the start of coal mining, Castrop received its town charter in 1902. In 1926, Castrop was combined with the administrative bodies of Rauxel and Bladenhorst. The history dates back to 834. The stud farm Bladenhorst Castle was mentioned as early as 1266. The moated castle as it stands today is the result of rebuilding around 1530. It is considered the showpiece of German late Renaissance. The massive defence tower from the 13th century and the moat system still give an idea of the great importance of the castle complex in former times.

Les ducs de Clèves fondèrent le bourg Castrop au XVe siècle. La localité reçut ses droits de ville en 1902, quand débuta l'exploitation minière. En 1926, Castrop était réunie aux communes Rauxel et Bladenhorst, dont l'histoire remonte à 834. Le haras de Schloss Bladenhorst était déjà documenté en 1266. L'actuel château entouré de douves fut transformé en 1530 et est un superbe exemple architectural du style Renaissance allemande. Le donjon massif et les douves évoquent l'importance de l'ancien château fort à l'époque médiévale.

Stilvoll eingebettet in einen nach englischen Vorbildern angelegten Landschaftspark liegt das Schloss Herten. Im 14. Jahrhundert durch derer von Herten erbaut, ging es durch eine Heirat an die Ritter von Galen. 1520 zu einem spätgotischen Schloss umgewandelt, wurde es später im barocken Stil erweitert. — Die Ursprünge der Stadt Marl reichen bis in die Steinzeit zurück. Heute ist der Chemiepark Marl größter Arbeitgeber der Stadt. Bekannt wurde Marl auch, weil hier das Grimme-Institut seinen Sitz hat, das jährlich den renommierten Adolf-Grimme-Fernsehpreis verleiht.

Herten Castle is elegantly nestled in a countryside park designed in English style. Built in the 14th century by the von Herten family, it passed through marriage to the knightly von Galen family. It was converted into a late Gothic castle in 1520 and later expanded in baroque style. — The beginnings of the city of Marl date back to the Stone Age. Today, the Marl Chemical Park is the largest employer in the city. Marl also became well-known because the Grimme Institute is located here, which bestows the renowned Adolf Grimme television award.

Herten, château entouré de douves, se dresse avec élégance au cœur d'un parc aménagé dans le style anglais. Construit au XIVe siècle par la lignée des Herten, il revint aux chevaliers de Galen par mariage. L'édifice fut transformé en style gothique flamboyant en 1520 et plus tard agrandi dans le style baroque. — Les origines de Marl remontent à l'âge de la pierre. Aujourd'hui, le Parc des techniques chimiques de Marl est le principal employeur de la ville. Celle-ci est également connue comme étant le siège de l'Institut Grimm qui décerne chaque année le prix de télévision renommé Adolf-Grimme.

Am Rande des Naturparks Hohe Mark liegt die ehemalige Hansestadt Dorsten an der Lippe. Obwohl auch sie im Zuge der Industrialisierung und des Abbaus von Kohle und Eisenerz zur Industriestadt wurde, erhielt sie sich ihren idyllischen Charakter. Der alte Marktplatz mit der katholischen Kirche St. Agatha und dem Rathaus zeugt davon. Das Umland Dorstens ist durch Wälder, viel Wasser und Wiesen geprägt.

The former Hansa League city of Dorsten is situated on the River Lippe on the edge of the Hohe Mark nature reserve. Although it became an industrial city in the course of the industrial revolution and the coal and ore mining that was brought with it, it has retained some of its idyllic charm. The old market square with the Catholic church of St Agatha and the town hall in the left of the picture prove this. Dorsten's surrounding countryside is wooded, with a lot of water and meadows.

L'ancienne ville hanséatique de Dorsten sur la Lippe s'étend en bordure du parc national de Hohe Mark. Elle a conservé une atmosphère champêtre bien qu'elle soit aussi devenue une cité industrielle lorsque commença l'exploitation du charbon et du minerai de fer. L'église Sainte-Agathe érigée en 1797 et l'hôtel de ville de 1902 dominent la pittoresque place du marché. Les alentours de la ville sont très verdoyants, avec des forêts, des rivières et des prés.

Eingebettet in den waldreichen Naturpark „Hohe Mark" liegt das barocke Schloss Lembeck, eine der größten Wasserburgen Westfalens. 1692 erbaut, hat die Anlage bis heute ihr charakteristisches Bild erhalten. Der Park mit wunderschön blühenden Rhododendren verleiht dem Schloss den entsprechenden Rahmen. Besucher können sich heute im Schloss nicht nur über dessen abwechslungsreiche Geschichte informieren, sondern erfahren im Heimatmuseum auch Wissenswertes über das Umland. Außerdem laden Gastronomie und Hotel zum Verweilen ein.

Nestled in the densely wooded Hohe Mark nature park lies Lembeck Castle – one of the largest moated castles in Westphalia. Built in 1692, the baroque castle has kept its characteristic appearance to this day. The park with its gorgeously blooming rhododendrons provides a befitting setting. Inside the castle, visitors can learn about its exciting history and also find out more about the surrounding area at the museum of local history. In addition, the dining facilities and hotel entice guests to linger for a while.

Le château baroque de Lembeck se dresse au cœur des forêts du parc naturel du « Hohe Mark ». Jusqu'à aujourd'hui, ce château bâti en 1692, un des plus grands à douves de Westphalie, a conservé son aspect d'origine. Le superbe parc, avec ses magnifiques massifs de rhododendrons en fleurs, offre un cadre parfait au château romantique. Ses visiteurs n'apprendront pas seulement son passé mouvementé, mais aussi l'histoire de la région dans le musée qui y est installé. Par ailleurs, l'hôtel et le restaurant invitent à prolonger la visite de cet endroit magnifique.

Zwischen den großen Waldgebieten Haard und der Hohen Mark liegt der Halterner Stausee – ein gefragtes Ausflugsziel für Menschen aus dem gesamten Ruhrgebiet. Besonders beliebt ist das Halterner Strandbad mit Natursandstrand und allen Annehmlichkeiten einer Badeanstalt. Aber auch Wanderer und Wassersportler kommen am Stausee auf ihre Kosten. — Das Revier – die Metropole Ruhr – lohnt einen Besuch. Am besten erkundet man die Gegend auf der „Route Industriekultur", einem 400 Kilometer langen Rundkurs durch die abwechslungsreiche Metropole Ruhr.

Lake Haltern is a reservoir amidst the large woodlands of Haard and Hohe Mark – a popular destination for people from the entire Ruhr area. The Haltern swimming area with its sandy beach and all the amenities of a swimming pool is particularly popular, through hikers and water sports enthusiasts visiting the lake will also be delighted. — The Ruhr area – the Ruhr metropolis – is certainly worth a visit. The region is best explored via the Industrial Heritage Trail, a 400-kilometre circular route through the wonderfully diversified Ruhr area.

Le lac de Haltern s'étend entre les grandes étendues boisées du Haard et du Hohe Mark. Ce lac de retenue est aujourd'hui un but d'excursion très populaire des habitants du bassin de la Ruhr. Le complexe aquatique appelé « Halterner Strandbad », pourvu d'une plage de sable naturel et de maintes commodités, est un grand favori. Mais le lac fait également le bonheur des randonneurs et des amateurs de sports nautiques. — Le bassin de la Ruhr est une région captivante, dont on découvrira par exemple les multiples facettes au long des 400 km de la « Route de la culture industrielle ».

Bildnachweis / Table of illustrations / Table des illustrations

	Seiten:
BA Blickwinkel	Stefan Ziese: 1+78, 19a, 27, 51, 68a, 69(3), 73, 77(2), 80,
	84, 88,105/ euroluftbild.de/Hans Blossey: 55, 64;
	/fotototo: 90+RT-B
Sven Breszyk	7, 9a, 10(2)+ Titel c, 12a, 16, 18, 29
Archiv Horst Ziethen	38a, 40, 41(4), 68b, 97(5), 101, 102
Mauritius	/Manfred Mehlig: 8, 11a ; /Thomas Rubbin: 33b;
	/Cornelius Paas: 35, 48, 75,108
Werner Otto	23, 47, 52, 54b, 63, 86, 99a
DPA-picture alliance	/Horst Ossingern 11b: ; Roland Weihrauch: 13, 22a+b;
	Stefan Ziese: 50; GeaGroup: 72; Huber: 104
Stuttgarter Luftbild Wennigsen	15, 49, 93a, 100, 103a, 106
Visum	/Ekkehart Reinsch: 33a; /Thomas Pflaum: 17a, 57;
	/Alfred Büllesbach: 83
Ralf Lueger	45b, 98 links, 99b, 103b
Vario Images/Hans Blossey	30, 34, 42, 54a, 58; image broker 26, 98 rechts;
Luftbild Sondermann	66, 76, 95

Andreas Böhle: 9b; Stadt Duisburg: 9c; Königsgalerie Dusiburg 12b; Zoo-Foto K. &M. Kuster: 14(4); HB-Verlag/Ralf Lueger: 17b; SMG Entertainment Deutschland GmbH 19b; CentrO Oberhausen/ Krischerfotografie: 20, 21; Wolfgang Volz: 22c; Schloss Beck: 24+RT-A; Movie Park Germany, Turtels - © 2015 Viacom Overseas Holdings C.V.: 25 a /SpongeBob: © 2015 Viacom International Inc. - Stephen Hillenburg: 26 b / Movie Park Germany: 26 c, d; Indoor Skydiving: 28; Achim Keiper: 31; Zoonar: 32; Image Broker/Jochen Tack: 36; WSFotofun/Wolfgang Schmidt: 37; Jörg Meyer: 38b+Titel A, 79b; Christian Demski: 39; Philharmonie Essen/ Seven Lorenz: 43; WDR-Fotoredaktion: 44; Look-Foto: 45a+RT-D / TerraVista 85; Guido Schiefer: 46; BA Huber/ Holger Klaes: 53; Das Fotoarchiv/Manfred Vollmer 56, 93b; Segelkamaradschaft Scheppen: 59a; ETUF-Segelriege: 59b; Dieter Stoffels baldeneysee.de: 60-61+ Titel B; F1 Online/Voigt: 62+RT-C /Colorvision: 107; Holger Klaes: 65, 96; Universität Bochum: 67; Andreas Buck 70a, 82; Starlight Express GmbH 70 b,c, 71; Eisenbahnmuseum Bochum-Dahlhausen: 73; Stadt Dortmund/Stefanie Kleemann, Dortmund-Agentur: 79a; Axel M. Mosler: 81; Heinz Wohner. 87, 92; Westspiel: 89(2); Ruth Kaiser: 91; Carsten Hensch 93c; Barbara Boensch 93d; Jens Seiler: 94, Stadtverwaltung Merl 105;

Karten-Nachweis

Vorsatzseite:	Kartengrafik - Ladesvermessungsamt NRW
Nachsatzseite:	Historische Karte, Archiv Ziethen-Panorama Verlag

ZIETHEN-VERLAG - Kultur-Reisebildbände
Schatzkammer Deutschland
53902 Bad Münstereifel, Flurweg 15
Tel.: 02253 6047 Fax: 02253.6756
Mail: mail@ziethen-panoramaverlag.de
www.ziethen-panoramaverlag.de

Neuauflage 2018

Redaktion und Gestaltung: Horst Ziethen
Einleitungstexte: Susanne Junkermann
Bildtexte: Susanne Junkermann und Verlagsredaktion

Englische Übersetzung:
Transmit Deutschland, John Stevens, Jonathan Andrews
Französische Übersetzung: France Varry, Transmit Deutschland

Produktion: ZIETHEN-MEDIEN GmbH&Co. KG, 50999 Köln

Printed in Germany

ISBN 978-3-946158-00-4

HERTZOGTHUM CLEEF
Wesel
Welfsche Heyde
Rhenus
Dorsten
CÖLNIS
RECKLINCK
Rhynberg
Meurs
GRAFSCH MEURS
Duysburg
Roeroort
Dinslaken
Holt
Hamborn
Gelder
Wachtendonck
Kempen
Geldern
Crevelt
Ordingen
Linne
ERTZBISTHUM
NIDERSTIFT
ABDEY ESSEN
Essen
Steil
ABDEY WERDEN
Werden
Ketwyk
Ratingen
Keyserswert
Angermund
DUSSELDORP
Nuys
Suchtelen
Dulcken
Geladbach
Dalen
BARONEY WICKRAD
Erkelens
GELDERS
Medman
Solingen
Zons
Santen
Sonsbeck
Alpen
Burick
Styrom
Kalkum
Lanstorf